北京市社会科学基金项目成果（编号：13FXC049）

"城市梦"下的北京市

流动人口犯罪的治理

王剑波 著

中国政法大学出版社

2018·北京

图书在版编目（ＣＩＰ）数据

"城市梦"下的北京市流动人口犯罪的治理/王剑波著. --北京:中国政法大学出版社,2018.4

　ISBN 978-7-5620-8193-7

　Ⅰ.①城… Ⅱ.①王… Ⅲ.①流动人口－犯罪－研究－北京Ⅳ.① D927.104.114

　中国版本图书馆CIP数据核字(2018)第063243号

出　版　者　　中国政法大学出版社

地　　　址　　北京市海淀区西土城路 25 号

邮寄地址　　北京 100088 信箱 8034 分箱　邮编 100088

网　　　址　　http://www.cuplpress.com（网络实名：中国政法大学出版社）

电　　　话　　010-58908437(编辑室) 58908334(邮购部)

承　　　印　　固安华明印业有限公司

开　　　本　　880mm×1230mm　1/32

印　　　张　　6.50

字　　　数　　150 千字

版　　　次　　2018 年 4 月第 1 版

印　　　次　　2018 年 4 月第 1 次印刷

定　　　价　　39.00 元

总　序

　　首都经济贸易大学法学学科始建于 1983 年。1993 年开始招收经济法专业硕士研究生。2006 年开始招收民商法专业硕士研究生。2011 年获得法学一级学科硕士学位授予权，目前在经济法、民商法、法学理论、国际法、宪法与行政法等二级学科招收硕士研究生。2013 年设立交叉学科法律经济学博士点，开始招收法律经济学专业的博士研究生，同时招聘法律经济学、法律社会学等方向的博士后研究人员。经过 30 年的建设，首都经济贸易大学几代法律人的薪火相传，现已经形成了相对完整的人才培养体系。

　　为了进一步推进首都经济贸易大学法学学科的建设，首都经济贸易大学法学院在中国政法大学出版社的支持下，组织了这套"法学前沿文库"，我们希望以文库的方式，每年推出几本书，持续地、集中地展示首都经济贸易大学法学团队的研究成果。

"城市梦"下的北京市流动人口犯罪的治理

这套文库既然取名为"法学前沿",那么,何为"法学前沿"?在一些法学刊物上,常常可以看到"理论前沿"之类的栏目;在一些法学院校的研究生培养方案中,一般都会包含一门叫作"前沿讲座"的课程。这样的学术现象,表达了法学界的一个共同旨趣,那就是对"法学前沿"的期待。正是在这样的期待中,我们可以发现值得探讨的问题:所以法学界一直都在苦苦期盼的"法学前沿",到底长着一张什么样的脸孔?

首先,"法学前沿"的实质要件,是对人类文明秩序做出了新的揭示,使人看到文明秩序中尚不为人所知的奥秘。法学不同于文史哲等人文学科的地方就在于:宽泛意义上的法律乃是规矩,有规矩才有方圆,有法律才有井然有序的人类文明社会。如果不能对千差万别、纷繁复杂的人类活动进行分门别类的归类整理,人类创制的法律就难以妥帖地满足有序生活的需要。从这个意义上说,法学研究的实质就在于探寻人类文明秩序。虽然,在任何国家、任何时代,都有一些法律承担着规范人类秩序的功能,但是,已有的法律不可能时时处处回应人类对于秩序的需要。"你不能两次踏进同一条河流",这句话告诉我们,由于人类生活的流动性、变化性,人类生活秩序总是处于不断变换的过程中,这就需要通过法学家的观察与研究,不断地揭示新的秩序形态,并提炼出这些秩序形态背后的规则——这既是人类生活和谐有序的根本保障,也是法律发展的重要支撑。因此,所谓"法学前沿",乃是对人类生活中不断涌现的新秩序加以揭示、反映、提炼的产物。

其次,为了揭示新的人类文明秩序,就需要引入新的观察视角、新的研究方法、新的分析技术。这几个方面的"新",可以概括为"新范式"。一种新的法学研究范式,可以视为"法学前沿"的形式要件。它的意义在于,由于找到了新的研究范式,人们可以洞察到以前被忽略了的侧面、维度,它对于人们认识秩序、认识法律提供了新的通道或路径。依靠新的研究范式,甚至还可能转换人们关于法律的思维方式，并由此看到一个全新的秩序世界与法律世界。可见，法学新范式虽然不能对人类秩序给予直接的反映，但它是发现新秩序的催生剂、助产士。

再次，一种法学理论，如果在既有的理论边界上拓展了新的研究空间，也可以称之为法学前沿。在英文中，前沿（frontier）也有边界的意义。从这个意义上说，"法学前沿"意味着在已有的法学疆域之外，向着未知的世界又走出了一步。在法学史上，这种突破边界的理论活动，常常可以扩张法学研究的范围。譬如，以人的性别为基础展开的法学研究，凸显了男女两性之间的冲突与合作关系，就拓展了法学研究的空间，造就了西方的女性主义法学；以人的种族属性、种族差异为基础而展开的种族批判法学，也为法学研究开拓了新的领地。在当代中国，要拓展法学研究的空间，也存在着多种可能性。

最后，西方法学文献的汉译、本国新近法律现象的评论、新材料及新论证的运用……诸如此类的学术劳作，倘若确实有助于揭示人类生活的新秩序、有助于创造新的研究范式、有助于拓展新的法学空间，也可宽泛地归属于法学理论的前沿。

以上几个方面，既是对"法学前沿"的讨论，也表明了本套文库的选稿标准。希望选入文库的每一部作品，都在法学知识的前沿（frontier）地带做出了新的开拓，哪怕是一小步。

喻 中

2013 年 6 月于首都经济贸易大学法学院

目 录

导　论

第一节　研究的意义

随着我国改革开放的不断深入，以及工业化和城镇化进程的加快，以劳动力流动为主要内容的人口流动成为当前经济发展的内在要求，全国范围内流动人口规模迅速增长。国家统计部门数据显示，改革开放初期，全国流动人口不足 200 万人。2000 年，全国总人口为 12.6743（统计数据不包含港澳台地区，下同）亿人，其中流动人口数量是 1.21 亿人，平均每 10.5 个人便有一个是流动人口；2005 年，全国总人口为 13.0756 亿人，其中流动人口数量是 1.47 亿人，平均每 8.9 个人便有一个是流动人口；2010 年，全国总人口为 13.4091 亿人，其中流动人口数量是 2.21 亿人，平均每 6 个人便有一个是流动人口。[1]2015 年末，全国总人口为 13.7462 亿人，其中流动人口数量达 2.47 亿人，平均每 5.6 个人便有一个是流动人口。[2]2000 年至 2015 年的十五年时间里，我国流动人口数量增加了 1.26 亿人，年均增加 840 万人。此外，国家卫生计生委流动人口司预测：未来一二十年，我国仍处于城镇化快速发展阶段，按照《国家新型城镇化规划》的进程，2020 年我国仍有 2 亿以上的流动人口。"十三五"时期，人口继续向沿江、沿海、沿主要交通线地区聚集，超大城市和特大城市人口继续增长，中部和西部地区省内流动农民工比重明显增加。[3]

　　经济因素是推动劳动力流出、吸引劳动力流入的主要因素，劳动力的流动对我国的经济发展和社会进步起到了巨大的推动作用。换言之，从流动人口的结构和流向上看，绝大部分是从较为落后的农村流动到相对发达的城市的青壮劳动力。大量的流动人口满足了城市经济建设对劳动力的需求，给城市的发展注入了新的活力。但是，流动人口的大量涌入也给部分城市和地区的管理带来了压力，在一定程度上增加了社会治安的不稳定因素，加之这些城市和地区对流动人口的管控和保障性措施不足等原因，最

---

〔1〕 根据国家统计部门对主要统计指标的解释：（1）人户分离人口，是指居住地与户口登记地所在的乡镇街道不一致且离开户口登记地半年以上的人口；（2）流动人口，是指人户分离人口中不包括市辖区内人户分离的人口。市辖区内人户分离的人口是指一个直辖市或地级市所辖区以内和区与区之间，居住地和户口登记地不在同一乡镇街道的人口。参见中华人民共和国国家统计局：《中国统计年鉴 2013》，中华人民共和国国家统计局网站，http://www.stats.gov.cn/tjsj/ndsj/2013/indexch.htm，访问日期：2015 年 12 月 15 日。

〔2〕 中华人民共和国国家统计局：《中华人民共和国 2015 年国民经济和社会发展统计公报》，中华人民共和国国家统计局网站，http://www.stats.gov.cn/tjsj/zxfb/201602/t20160229_1323991.html，访问日期：2016 年 6 月 20 日。

〔3〕 中华人民共和国国家卫生和计划生育委员会：《中国流动人口发展报告 2016》，中华人民共和国国家卫生和计划生育委员会网站，http://www.moh.gov.cn/xcs/s3574/201610/58881fa502e5481082eb9b34331e3eb2.shtml，访问日期：2016 年 10 月 25 日。

终导致流动人口犯罪高发。目前，在全国所有刑事犯罪案件中，流动人口犯罪占据较大比例。有关部门调研数据显示，很多城市的流动人口犯罪已占到刑事犯罪案件总数的 70% 以上，[1]在一些经济发达地区，甚至达到 90% 之多。[2]

就大多数流动人口而言，融入城市并成为城市市民的一员，就是他们心中最朴素、最美丽的"中国梦"。换言之，流动人口的"中国梦"更多的是"城市梦"。作为中国的政治、文化、国际交往、科技创新中心，北京一直吸引着来自全国各地、怀揣梦想的流动人口。尤其是 2008 年奥运会在北京的成功举办，极大地促进了北京市的经济增长并带来了大量的就业机会，这就使得北京市流动人口迅猛增长。北京市统计部门数据显示，1978 年全市常住人口为 871.5 万人，其中，常住户籍人口 849.7 万人，占常住人口的 97.5%，常住外来人口为 21.8 万人，占常住人口的 2.5%；1988 年全市常住人口为 1061 万人，其中，常住户籍人口为 1001.2 万人，占常住人口的 94.4%，常住外来人口为 59.8 万人，占常住人口的 5.6%；1998 年全市常住人口为 1245.6 万人，其中，常住户籍人口为 1091.5 万人，占常住人口的 87.6%，常住外来人口为 154.1 万人，占常住人口的 12.4%；2008 年全市常住人口为 1771 万人，其中，常住户籍人口为 1229.9 万人，占常住人口的 69.4%，常住外来人口为 541.1 万人，占常住人口的 30.6%。[3]2015 年全市常住人口为 2170.5 万人，其中，常住户籍人口为 1347.9 万人，

---

〔1〕　许浩："预防流动人口犯罪要有的放矢"，载《人民公安报》2013 年 5 月 11 日第 3 版。

〔2〕　贾娜："流动人口犯罪得重视了"，载《检察日报》2012 年 3 月 7 日第 11 版。

〔3〕　根据北京市统计部门对主要统计指标的解释：（1）户籍人口，指公民依照《中华人民共和国户口登记条例》已在其经常居住地的公安户籍管理机关登记了常住户口的人；（2）暂住人口，指公安机关掌握的本市行政区域内，无本市常住户口，来自外省（市），在京暂住三日以上，并向公安机关申报暂住登记以及领取暂住证的人员；

占常住人口的62.1%，常住外来人口为822.6万人，占常住人口的37.9%。[1]北京奥运前的十年时间里，北京市常住外来人口数量增加了387万人，年均增加38.7万人。北京奥运后的七年时间里，北京市常住外来人口数量增加了281.5万人，年均增加40.2万人。[2]

作为"城市梦"的编织者，大多数流动人口在北京"漂"过一段时间之后，就会蓦然发现：北京非常繁华，但这种繁华却和自己无关，自己的生活好像并无太多改变。面对"残酷"的现实，流动人口做出了不同的选择：大部分人脚踏实地，继续努力追寻着心中的"城市梦"；而少部分人则心理失衡，抵制不住诱惑，走上了违法犯罪的歧途。近年来，伴随着流动人口的飞速增长，北

（接上页）（3）常住人口，指在某地区实际居住半年以上的人口；（4）常住外来人口，指不具有本市户籍户口，来自北京市行政区划以外的省、自治区、直辖市，且在京居住半年以上的人口。北京市统计局、国家统计局北京调查总队：《北京统计年鉴2013》，北京统计信息网，http://www.bjstats.gov.cn/nj/main/2013_ch/index.htm，访问日期：2015年12月15日。

〔1〕 北京市统计局、国家统计局北京调查总队：《北京市2015年暨"十二五"时期国民经济和社会发展统计公报》，北京统计信息网，http://www.bjstats.gov.cn/tjsj/sjjd/201602/t20160215_336838.html，访问日期：2016年6月20日。

〔2〕 我国的人口统计原则上是以统计部门为主，但实际上会涉及很多不同部门。不同部门的人口统计口径不一，所以，即使在同一地区同一时点，统计出来的人口数量也会有一定的差异。有研究显示，北京每天的实有人口远大于常住人口数量，日均约为2510万，并且呈现起伏涨落，暑期是峰值，春节期间是低谷。北京实有人口主要由以下几部分组成：（1）常住半年及以上人口，包括常住户籍人口、常住外来人口、常住户口待定人口，户口待定人口包括军人、境外在京人口、黑户人口等。（2）居住1~6个月流动人口，全国各地均无此方面的公开数据。（3）居住不足一个月流动人口，包括旅游、就医、探亲、出差等短期离开原住地的人员。姜玉等："北京市实有人口构成研究"，载《人口与发展》2016年第2期。

京市流动人口犯罪问题也越来越严峻。[1]北京市司法部门统计数据显示，北京市每年提起公诉的案件大概在 3 万件左右，其中外来人口犯罪占 70%。朝阳、海淀、丰台三个区的外来人口犯罪，占全市犯罪的 47% 以上。一些新兴城市和区域，外来人口犯罪也在增加。在城市化推进较快的大兴、房山，外来人口犯罪增长得也非常快，每年外来人口犯罪超过千人。[2]而且，未成年人犯罪中，非京籍人口所占比例较高，达 65.3%。[3]

综上所述，本研究的主要意义在于：其一，研究北京市流动人口犯罪问题，是维持北京乃至全国稳定的大问题。作为 13 亿人口大国的首都，作为有着 2000 多万人口的国际大都市，北京的问题，不只是一般的地方性问题。北京的稳定具有特殊重要性，北京的稳定在一定程度上事关全国的稳定。而流动人口犯罪问题，已经成为影响北京乃至全国和谐稳定的一个严重社会问题。因此，站在改革发展的高度，在依法治国的框架下研究如何治理北京市流动人口犯罪问题，有效预防和减少流动人口犯罪的发生，对于构建社会主义和谐社会的首善之区，维护全社会的和谐稳定都有着重要的现实意义。其二，研究北京市流动人口犯罪问题，能够

---

〔1〕　何谓流动人口犯罪？目前，相关法律法规并没有明确的规定，理论界与实务界对其内涵和外延也没有一致的看法。在不同的研究或工作领域，根据不同的需要或任务，对流动人口以及流动人口犯罪就会有不同的界定。本书研究的是北京市流动人口犯罪问题，研究的主要依据是北京市司法机关的相关司法文书和统计数据。从这些文书和数据来看，北京市司法机关是以户籍为标准来认定流动人口犯罪的，凡非京籍中国公民在北京地区实施犯罪的，即属于流动人口犯罪。所以，本书所指流动人口应包括北京市统计部门数据中的常住外来人口、暂住人口以及在京居住三日以下的外来人口，但并不包括港澳台同胞、外国人和无国籍人。另外，从笔者收集的流动人口犯罪判决书样本来看，常住外来人口是北京市流动人口犯罪的绝对主体。

〔2〕　于静："北京被公诉案件 外来人口占七成"，北青网，http://bjyouth.ynet.com/3.1/1203/07/6860492.html，访问日期：2015 年 3 月 5 日。

〔3〕　孙思娅："北京未成年人犯罪非京籍达 65.3%"，载《京华时报》2014 年 5 月 28 日第 6 版。

为类似中心城市提供参考借鉴。流动人口犯罪问题，是北京市经济社会发展进程中必须面对的一个社会问题。加强对流动人口犯罪问题的研究，探寻北京市流动人口犯罪高发的原因，设计相应的流动人口犯罪治理模式，有效预防和减少流动人口犯罪的发生，对于推进"平安北京"建设具有重要的意义。同时，由于流动人口犯罪规律在许多中心城市所具有的相似性，本研究所提出的流动人口犯罪的防控措施和治理模式不仅对于北京地区有适用性，而且对于类似的中心城市亦有一定的可操作性。总之，"首都稳、全国稳"。研究北京市流动人口犯罪问题，对于保障流动人口的合法权益，助推流动人口"城市梦"的实现，构建社会主义和谐社会，具有重要的意义。

第二节　研究的思路

习近平总书记指出："国家治理体系是在党领导下管理国家的制度体系，包括经济、政治、文化、社会、生态文明和党的建设等各领域体制机制、法律法规安排，也就是一整套紧密相连、相互协调的国家制度。"[1]在国家治理体系中，社会治理占有非常重要的位置。加强和创新社会治理，是推进国家治理体系和治理能力现代化的客观要求和重要内容，是社会和谐稳定、国家长治久安的重要保障。加强和创新社会治理理念的提出为国家法治建设包括刑事法治建设提供了新的视角，在加强和创新社会治理框架下探讨刑事法治问题成为学术研究与司法实务的新课题，具体到

---

〔1〕 习近平："切实把思想统一到党的十八届三中全会精神上来"，载《求是》2014年第1期。

流动人口犯罪的治理问题上：

第一，对流动人口犯罪的治理事关社会的和谐稳定，要站在加强和创新社会治理的高度思考这一问题。一方面，要加强对流动人口犯罪的治理。2014 年 1 月 7 日，习近平总书记在中央政法工作会议上强调，要 "从让人民群众满意的事情做起，从人民群众不满意的问题改起，为人民群众安居乐业提供有力法律保障。要深入推进社会治安综合治理，坚决遏制严重刑事犯罪高发态势，保障人民生命财产安全。"〔1〕当前，在杀人、伤害、抢劫等重、特大刑事案件中，流动人口犯案比例过大。某些城市或地区一些影响恶劣的暴力犯罪案件，大都是流动人口案犯所为。可以说，流动人口犯罪已经严重影响到社会的安全稳定，加强对流动人口犯罪的治理，对于遏制严重刑事犯罪案件的发生，以及推进平安中国建设，具有重要的意义。另一方面，要创新对流动人口犯罪的治理。2012 年 11 月 8 日，党的十八大报告《坚定不移沿着中国特色社会主义道路前进 为全面建成小康社会而奋斗》提出了 "完善和创新流动人口和特殊人群管理服务" 的要求；2013 年 11 月 12 日，党的十八届三中全会通过的《中共中央关于全面深化改革若干重大问题的决定》提出要 "创新人口管理，加快户籍制度改革"。为深入贯彻落实党的十八大、十八届三中全会的要求，2014 年 7 月 24 日，国务院发布的《关于进一步推进户籍制度改革的意见》提出要 "进一步调整户口迁移政策，统一城乡户口登记制度，全面实施居住证制度"。这实际上为流动人口犯罪的治理提供了一条新的思路，即可在加强和创新社会治理的战略框架下，正确处理国家社会与流动人口之间的关系，通过对流动人口的服务和管

---

〔1〕 习近平："坚持严格执法公正司法深化改革 促进社会公平正义保障人民安居乐业"，载《人民日报》2014 年 1 月 9 日第 1 版。

理，预防和减少流动人口犯罪的发生。

第二，对流动人口犯罪的治理事关法治社会的建设，要深入到法治与刑事法治的高度研究这一问题。一方面，要狠抓流动人口犯罪治理。习近平总书记指出："要加强城市常态化管理，聚焦群众反映强烈的突出问题，狠抓城市管理顽症治理。要加强人口服务管理，更多运用市场化、法治化手段，促进人口有序流动，控制人口总量，优化人口结构。"〔1〕近年来，随着我国城市化进程的加快，流动人口大量涌入城市，在给城市带来活力和繁荣的同时，也给城市带来了服务和管理的巨大压力，严重影响到了城市社会秩序的安定，特别是长期处于高位运行的流动人口犯罪问题已经成为城市管理中最难以解决的顽症。因此，抓紧对流动人口犯罪进行治理，事关城市的稳定与广大群众的切身利益。另一方面，要依法治理流动人口犯罪。习近平总书记指出："依法治国是党领导人民治理国家的基本方略，法治是治国理政的基本方式，要更加注重发挥法治在国家治理和社会管理中的重要作用，全面推进依法治国，加快建设社会主义法治国家。"〔2〕2014 年 10 月 23日，党的十八届四中全会通过的《中共中央关于全面推进依法治国若干重大问题的决定》提出要"推进多层次多领域依法治理。坚持系统治理、依法治理、综合治理、源头治理，提高社会治理法治化水平"。加强和创新社会治理，首要的是推进社会治理法治化。法治，既是加强和创新社会治理的具体方式，又是加强和创新社会治理的重要保障。运用法治思维和法治方式解决社会治理难题，既能够提升社会治理现代化水平，又能够推进法治中国建

〔1〕 习近平："推进中国上海自由贸易试验区建设 加强和创新特大城市社会治理"，载《人民日报》2014 年 3 月 6 日第 1 版。
〔2〕 习近平："在首都各界纪念现行宪法公布施行 30 周年大会上的讲话（2012 年12 月 4 日）"，载《人民日报》2012 年 12 月 5 日第 2 版。

设。因此，我们应在依法治国的基本方略下，科学分析我国经济社会变革中流动人口犯罪问题的成因，探讨治理流动人口犯罪的法治思路和法治对策。

"治理和管理一字之差，体现的是系统治理、依法治理、源头治理、综合施策。"[1]本研究拟从加强和创新社会治理的全新视角出发，尽可能地探寻社会治理的法治意蕴及其对流动人口犯罪治理提出的新要求，以翔实准确的资料和统计数据去分析我国经济社会变革中流动人口犯罪问题的发展趋势和发生机制，并通过完善和创新流动人口的服务和管理，研究流动人口犯罪的治理问题，力求在提出流动人口犯罪治理对策方面能有所突破。具体而言，本研究的具体思路为：首先，利用相关统计数据，对北京市流动人口犯罪的现状、结构特征以及发展趋势进行分析。其次，以相关数据资料和前述分析为基础，探寻北京市流动人口犯罪的致罪因素和发生机制。最后，在依法治国的理念下，通过完善和创新流动人口的服务和管理，消除各类致罪因素在流动人口犯罪发生机制中所发挥的作用，进而实现对北京市流动人口犯罪的治理。

第三节　研究的方法

本研究采用非实验性的方法，除了采用一般的规范分析法、文献分析法与比较分析法外，还重点采用了社会科学中的调查统计分析法，即对北京市流动人口（包括犯罪人）进行走访、谈话和问卷调查，到公安和司法机关调研并收集有关案例和数据，以

---

[1]　习近平："推进中国上海自由贸易试验区建设　加强和创新特大城市社会治理"，载《人民日报》2014年3月6日第001版。

此为基础进行统计分析，掌握流动人口犯罪的真实状况，以探寻北京市流动人口犯罪问题的治理路径。主要研究方法如下：

第一，文献分析法。文献分析法即通过搜集和分析国内外相关文献资料，吸纳其中的成果，认清其中的不足之处，明确下一步的研究方向和重点，为进一步的研究工作提供基础资料和信息。本研究以北京市日趋严重的流动人口犯罪现象为对象，在研究过程中查阅了大量的相关文献资料：其一，利用中国知网等国内外网络数据库，采用篇名搜索的方式，下载并归纳整理出关于流动人口犯罪的相关学位论文和期刊论文。其二，通过国家图书馆、首都图书馆以及在京高校的图书馆，借阅、复印、整理了相关的著作和信息材料。通过对上述文献资料的分析，整体把握了当前我国流动人口犯罪问题的研究现状，对流动人口犯罪的结构特征、发生原因以及各地、各部门采取的治理措施都有了一个概括性的认识，这为本研究的深入展开提供了有力的资料和理论基础。总之，文献分析法的优势在于工作成本低、效率高，劣势在于收集到的大多是二手资料且不够全面，因此必须与其它研究方法结合起来使用。

第二，实地调研法。实地调研法即前往选取的样本地区，采用座谈、访谈、问卷等方式进行实地调查，以获取与研究课题相关的一手材料和数据，为研究工作的科学性提供数据资料上的保障。笔者在研究过程中进行了大量的实地调研：其一，到公安和司法机关进行调研。经多方联系，笔者前往样本地区的法院、检察院、公安局、司法局等部门进行了实地调研，与一线工作人员进行了座谈，主要了解了各部门在预防和打击流动人口犯罪方面所采取的措施，以及取得的成效和仍然存在的问题，并获得了很多与流动人口犯罪相关的第一手数据资料。其二，发放调查问卷。课题研究期间，多次进行了调查问卷的发放工作。问卷设计的内容主要包括个人情况、就业状况和生活现状等；问卷的发放工作主要是由在校学生进行；问卷的发放地点主要是在样本地区流动人口比较集中的地方；问卷的发放方式主要是随机偶遇，由调查对象自填，填完后交予发放人员统计分析。其三，对流动人口犯罪人员进行深度访谈。为深入了解来京流动人口的犯罪原因，弥补座谈与调查问卷的不足，在朋友的帮助下，联系了多名在北京有犯罪前科的人员（分别因犯销售伪劣产品罪、盗窃罪等被判处过刑罚）进行了深度访谈，详细了解了他们的个人和家庭情况、犯罪的原因、现在的生活状况以及会不会离开北京、有没有可能再次犯罪等问题。因涉及个人隐私，受访人员都明确拒绝录音。

　　第三，数据分析法。数据分析即使用适当的方法对收集来的大量数据进行分析，以从中发现内在的规律，为研究工作的正确性提供数据资料上的支撑。本研究中所涉及的数据与资料，主要来源于以下几个方面：其一，从公安和司法机关获取的数据资料，这主要包括2008年北京奥运会后至今，与流动人口犯罪相关的各类数据以及判决文书等。其二，通过发放调查问卷所获取的数据资料。其三，对流动人口犯罪人员进行深度访谈的资料。其四，其他学者收集并发表在相应文献中的数据资料。其五，国家权威部门发布的统计数据，主要有《中国统计年鉴》《北京统计年鉴》《中国法律年鉴》和《全国暂住人口统计资料汇编》等。根据以上数据，笔者采用描述统计等方法，对北京市流动人口犯罪的现状趋势、发生机制以及治理措施等进行了定量与定性相结合的分析。

第一章

流动人口犯罪问题国内外研究述评

第一节　流动人口犯罪问题的国内研究现状梳理

　　我国学界对流动人口犯罪问题的关注和研究肇始于20世纪80年代末90年代初，进入21世纪后，随着我国城市化进程的加快，流动人口犯罪呈现飞速增长的趋势，学界逐渐开始重视对该问题的研究。当前，我国对流动人口犯罪问题的研究呈现出日益繁荣之势。具体而言：

　　第一，期刊论文。笔者在中国期刊网全文数据库输入篇名"流动人口犯罪或外来人口犯罪"的检索结果显示，从1979年至2016年共有期刊论文375篇。这些文章对流动人口犯罪问题的研究主要从以下三个方面展开：其一，以某个流动人口较多的地区为样本，利用统计数据分析该地区流动人口犯罪的现状、特征与发展趋势。一是以流动人口最为集中的直辖市为样本，分析该城市流动人口犯罪的现状、特征与发展趋势。[1]二是以流动人口相对集中的计划单列市和省会城市为样本，分析该城市流动人口犯罪的现状、特征与发展趋势。[2]三是以流动人口增长相对较快且经济较为发达的中小城市为样本，分析该城市流动人口犯罪的现状、特征与发展趋势。[3]其二，以某种犯罪社会学理论为依据，探寻流动人口犯罪的发生原因。一是以文化冲突论来解释流动人口犯罪的发生原因，认为农村文化与城市文化以及传统文化与现代文化的冲突，不可避免地引发流动人口心理的矛盾、变化和冲突，当这种冲突达到一定程度时就会产生越轨、违法甚至于犯罪行为。[4]二是以相对剥夺论来解释流动人口犯罪的发生原因，认为流动人口涌入城市后，面对着生存环境、收入水平、身份地位等的劣势地位，面对着人口管理、社会保障等等不平等的待遇，所遭受的社会排斥和边缘化的强化更

---

〔1〕　王志强："对近年来流动人口犯罪问题的实证分析"，载《中国人民公安大学学报（社会科学版）》2006年第2期；王大中等："北京市流动人口犯罪问题调查报告"，载《中国人民公安大学学报（社会科学版）》2007年第2期；程建、王春丽："上海市流动人口犯罪问题研究——以嘉定区和青浦区的刑案数据为视点"，载《法治论丛（上海政法学院学报）》2009年第5期；刘晓梅："流动人口犯罪问题实证分析——以天津市为例"，载《城市问题》2010年第5期。

〔2〕　宁建海、秦江锋："郑州市金水区外来人口犯罪实证分析"，载《中国刑事法杂志》2009年第6期；厦门市公安局课题组："厦门市流动人口犯罪问题探析"，载《福建警察学院学报》2011年第1期；杜瑾："城市适应视域下流动人口犯罪预防研究"，载《河南财经政法大学学报》2014年第5期。

〔3〕　傅跃建、胡晓景："流动人口犯罪的地域特征——以义乌市为样本"，载《净月学刊》2013年第4期。

〔4〕　陈上委："文化冲突与流动人口犯罪"，载《法制与社会》2006年第20期；马红文、朱临："文化冲突语境下的流动人口犯罪解读"，载《黑龙江省政法管理干部学院学报》2008年第5期；徐小芸："文化冲突视角下的流动人口犯罪"，载《现代营销（学苑版）》2013年第1期。

容易激发城市流动人口的敌视心理和被剥夺的屈辱感,并最终产生犯罪行为。[1]三是以社会失范论来解释流动人口犯罪的发生原因,认为流动人口因制度障碍、文化歧视和个人能力不足等原因,导致无法实现其获取财富和融入城市的目标,进而出现社会失范现象,产生犯罪活动。[2]四是以社会解组论来解释流动人口犯罪的发生原因,认为影响非正式社会控制从而造成社会解组的因素有很多,其中包括居民流动性;较高的居民流动性影响了居民交际圈、亲属关系和当地组织关系的建立和扩大,使得非正式的社会控制能力减弱,导致了犯罪率的上升。[3]五是以社会控制论来解释流动人口犯罪的发生原因,认为流动人口长期远离自己所熟知的生活环境,使得个人与社会之间的纽带削弱、断裂,社会对个人的控制弱化,进而导致流动人口犯罪的发生。[4]六是综合运用不同的犯罪社会学理论来解释流动人口犯罪的发生原因,这是多数学者采用的研究方法。例如,有学者认为,在较为通行的犯罪学说中,跟流动人口犯罪相关的是其中四种,即社会反常状态

---

〔1〕 陈炜、徐绫泽:"'相对剥夺理论'在农村流动人口犯罪防控中的应用",载《法学杂志》2010年第3期;李英霞:"相对剥夺理论视角下的流动人口犯罪与管理创新",载《辽宁公安司法管理干部学院学报》2012年第3期。

〔2〕 高杰、丁连连:"外来人口犯罪问题实证研究——以默顿社会失范理论为视角",载《当代经济》2015年第17期。

〔3〕 肖剑鸣:"从社会解体论看城乡人口流动中的犯罪问题",载《四川省公安管理干部学院学报》1994年第4期;毛哲玮、金诚:"社会解组理论视角下流动人口聚居区犯罪防控模式——以温州市丽岙镇为样本",载《预防青少年犯罪研究》2014年第3期。

〔4〕 曾培芳:"我国青少年犯罪预防和矫正理论与实践模式的整合——以社会控制与社会支持为视角",载《江西社会科学》2007年第12期;钟其:"转型社会青少年犯罪成因剖析——以社会控制理论为视角",载《浙江学刊》2007年第5期;刘可道:"赫希的社会控制理论与青少年犯罪——武汉'12·1'银行特大爆炸案的犯罪学思考",载《青少年犯罪问题》2015年第7期;盛林:"赫希社会控制理论对预防流动人口犯罪的启示",载《法制博览》2015年第7期。

论、文化冲突论、社会解体论和相对剥夺论。[1]有学者认为，流动人口犯罪的深层原因可归结为社会解组和一般紧张理论。[2]有学者认为，与流动人口犯罪相关的理论有相对剥夺论、文化冲突论、社会失范论等。[3]有学者认为，流动人口犯罪可由文化冲突和结构紧张理论来解释。[4]。有学者认为，流动人口犯罪可由相对剥夺论、社会控制论、文化冲突论等来解释[5]有学者认为，能够阐释流动人口犯罪的理论包括相对剥夺感理论、文化冲突理论、挫折-攻击理论和社会解体理论。[6]有学者认为，流动人口犯罪的发生原因可以由相对剥夺论、社会失范论等来解释。[7]七是以其他颇有见地的观点来解释流动人口犯罪的发生原因。例如，有学者认为基尼系数愈大，人们的相对丧失感愈强，而人们的相对丧失感愈强，则从事犯罪活动的可能性就愈大，这就是相对丧失论——中国流动人口犯罪的一种可能解释；[8]还有学者认为，流动人口犯罪的基础性原因是存在于流动人口群体中的乡土秩序在城市中的失落，以及由此而产生的流动人口生存与发展预期的落空；[9]另

---

〔1〕　麻国安：《中国的流动人口与犯罪》，中国方正出版社 2000 年版，第 113 页。

〔2〕　葛磊："外来人口犯罪原因与对策分析"，载《四川警官高等专科学校学报》2001 年第 4 期。

〔3〕　周民、王娟："流动人口犯罪的社会学思考"，载《政法学刊》2005 年第 3 期。

〔4〕　李巍、孟庆顺："流动人口犯罪原因的社会学分析及对策"，载《国家检察官学院学报》2007 年第 4 期。

〔5〕　陈珺："流动人口犯罪原因分析"，载《理论月刊》2007 年第 9 期。

〔6〕　刘启刚："流动人口犯罪的特征、理论阐释与防控对策"，载《中国刑警学院学报》2012 年第 3 期。

〔7〕　汪东升："流动人口犯罪及其防治理念"，载《犯罪研究》2013 年第 2 期。

〔8〕　麻泽芝、丁泽芸："相对丧失论——中国流动人口犯罪的一种可能解释"，载《法学研究》1999 年第 6 期。

〔9〕　卫磊："乡土秩序的失落——对流动人口犯罪的社会学思考"，载《江苏公安专科学校学报》2002 年第 1 期。

有学者对比了 80 年前著名的犯罪社会学家严景耀先生关于北平犯罪问题的研究成果，认为严景耀先生提出的因社会变迁产生的不适应而导致城市犯罪的观点在现阶段研究大城市中的流动人口犯罪仍具有借鉴意义。[1] 其三，在探讨现行流动人口管理方式得失的基础上，提出相应的流动人口犯罪治理措施。一是认为要解决流动人口犯罪问题，必须正确处理好"堵"与"疏"、整体利益与局部利益、长远利益与眼前利益的关系，应当创新流动人口的服务和管理机制，推进流动人口的权益保障与社会融入，以实现对流动人口犯罪的综合治理。[2] 二是认为"破窗理论"对于我国防控因人口流动所带来的犯罪剧增现象具有借鉴意义，可以借鉴"破窗理论"的思路和实践，从控制"犯罪场"入手，清除"破窗"，实现守望互助，进而达到控制流动人口犯罪发生的目的。[3] 三是认为可通过居住证制度防控流动人口犯罪的发生，因为居住证制度便于流动人口获得较高社会支持，减少越轨发生；居住证

〔1〕 包路芳："城市适应与流动人口犯罪——北京犯罪问题的 80 年对比研究"，载《中国农业大学学报（社会科学版）》2007 年第 4 期。

〔2〕 黄京平、石磊："试论'入世'对城市流动人口犯罪的影响"，载《法学论坛》2000 年第 6 期；颜九红、杨征军、陈心歌："人文奥运与北京流动人口犯罪的刑事政策"，载《北京政法职业学院学报》2005 年第 1 期；康均心、杨新红："城乡一体化背景下的刑事政策调适——以流动人口犯罪为研究视角"，载《法学论坛》2010 年第 1 期；张真理："流动人口犯罪及其预防研究"，载《现代商业》2013 年第 2 期；单民、陈磊："社会管理创新语境下的流动人口犯罪预防"，载《法治研究》2013 年第 3 期；游小华："流动人口犯罪的综合性预防"，载《江西社会科学》2013 年第 5 期；刘可道："流动人口犯罪防控八大关键词论要"，载《犯罪研究》2014 年第 4 期；于阳："社会支持视域下城市流动人口犯罪预防研究"，载《河北法学》2014 年第 5 期。

〔3〕 朱兴祥、张峰："论'破窗理论'与流动人口犯罪控制"，载《公安学刊（浙江警察学院学报）》2011 年第 6 期；刘晓农、叶萍："破窗理论与流动人口犯罪控制"，载《河南社会科学》2013 年第 4 期；米卿、王东方："浙江舟山群岛新区背景下流动人口犯罪管控问题探析——以美国破窗理论为视角"，载《浙江海洋学院学报（人文科学版）》2013 年第 5 期；楼伯坤、满涛："我国流动人口犯罪的防控策略——基于'破窗理论'的本土化思考"，载《犯罪研究》2013 年第 6 期。

制度有助于流动人口加强日常自律，减少社会歧视。[1]

第二，学位论文。笔者在中国期刊网博硕士论文数据库输入题名"流动人口犯罪或外来人口犯罪"的检索结果显示，从 1979年至 2016 年共有学位论文 40 篇，其中博士论文 2 篇。代表性的论文有：其一，张清郎的《中国转型期流动人口犯罪研究》（2010年西南财经大学博士论文），较多地结合实证数据，探讨了流动人口犯罪群体特征、流动人口犯罪行为方式和刑罚结构、社会经济因素对流动人口犯罪的影响等，较为深入地揭示了流动人口犯罪的内在规律，提出了流动人口犯罪防控的具体路径。其二，吴兴杰的《我国流动人口收入差距与犯罪率的实证研究》（2010 年浙江大学博士论文），采用实证的方法分析了流动人口、收入差距与犯罪的关系，指出过分依赖刑罚的威慑效应，而忽视社会经济因素对犯罪率的影响，无法从根本上遏制刑事犯罪率及流动人口犯罪率的攀升，因而建议：制定公平、非歧视性的流动人口犯罪预防与控制政策体系，彻底改变流动人口将引发犯罪的固有观念；注重改善流动人口收入状况，从根源上消除流动人口的犯罪成因；改善流动人口社会资本储蓄状况，有效遏制其犯罪率的上升；要妥善处理地区经济发展与流动人口规模增加的矛盾等。

第三，著作。笔者在中国国家图书馆"馆藏中文图书"数据库输入题名"流动人口犯罪或外来人口犯罪"的检索结果显示，从 1980 年至 2016 年共有著作 5 部：其一，麻国安的《中国的流动人口与犯罪》（中国方正出版社 2000 年版），结合丰富可靠的数据资料，对中国流动人口的犯罪现象、犯罪原因以及犯罪预防进行了深入研究，并提出了颇有见地的"社会流动性理论"。其二，王

---

[1] 司仲鹏："居住证制度与流动人口犯罪控制"，载《河北公安警察职业学院学报》2013 年第 3 期；米文豪："居住证制度在预防流动人口犯罪中的作用及完善"，载《山西警官高等专科学校学报》2016 年第 2 期。

智民等的《当前中国流动人口犯罪研究》（中国人民公安大学出版社2002年版），立足于流动人口犯罪的静态描述和动态分析，厘清了流动人口犯罪的主体、客体、心理、行为以及组织形态特征，解析了城市化、市场化以及亚文化等与流动人口犯罪发生的关系，预测了流动人口犯罪发展变化的趋势，提出了流动人口犯罪的主体和社会预防对策。其三，王大中等的《透视流动人口中的犯罪现象》（中国人民公安大学出版社2006年版），以现代化的理念重新审视了流动人口犯罪问题，探索了流动人口的管理模式、权益保护以及相关警力配置等问题，提出了如何更加有效地进行流动人口犯罪案件侦查等。其四，刘刚等的《新疆兵团流动人口及犯罪研究》（新疆生产建设兵团出版社2012年版），选取了具有代表性的地区来收集流动人口的相关犯罪数据，以此为基础总结了流动人口犯罪的特点，分析了流动人口犯罪的成因，并对未来兵团流动人口犯罪的趋势作出了预测。其五，张晓梅、屈耀伦的《中国流动人口犯罪问题研究》（甘肃人民出版社2012年版），探索了全国范围内流动人口犯罪的共性，以及特殊地区流动人口犯罪的个性，采用实证分析法、比较分析法等研究方法，从多视角分析了流动人口犯罪的发生原因，提出了相应的治理模式。

第二节 流动人口犯罪问题的国外相关研究考察

国外学界对犯罪问题的研究已经形成了科际交叉与整体推进相结合的研究特色，特别在犯罪社会学领域，关于犯罪的发生原因早已形成了相当成熟的理论体系。美国犯罪学家路易丝·谢利在对城市中发生犯罪行为的原因进行解释时指出，有七种犯罪学说占据了20世纪国际犯罪学的统治地位，分别是：社会反常状态论、机会论、差别交往论、文化冲突论、社会解体论、相对剥夺论和违法者低文化群论。[1]本研究认为，跟我国流动人口犯罪相关或在一定程度上能够较为有力地解释我国流动人口犯罪发生原因的犯罪学说主要有如下五种：

第一，社会失范论（Anomie Theory，又译为社会反常状态论）。"失范"（Anomie），最早是由法国社会学家埃米尔·迪尔凯姆（Émile Durkheim，又译为涂尔干）提出并用来解释犯罪、自杀等越轨行为的概念。[2]例如，在1893年发表的《社会分工论》中，迪尔凯姆指出："转眼之间，我们的社会结构竟然发生了如此深刻的变化。这些变化超出了环节类型之外，其速度之快、比例之大在历史上也是绝无仅有的。与这种社会类型相适应的道德逐渐丧失了自己的影响力，而新的道德还没有迅速成长起来，我们的意识最终留下了一片空白，我们的信仰也陷入了混乱状态。传统失势了。个人判断从集体判断的羁绊中逃脱出来了。在狂飙突起的时代里，乱作一团的各种功能也不再会有时间去互相磨合了。……我们应该制止这种失范状态，找到一种能够使这些相互混战的机构调和起来的方法。"[3]又如，在1897年发表的《自杀论》中，迪尔凯姆推广了"失范"的概念，并用其解释自杀行为的发生原因。迪尔凯姆指出："我们不应该被科学、艺术和工业引人注目的

---

〔1〕 ［美］路易丝·谢利：《犯罪与现代化——工业化与城市化对犯罪的影响》，何秉松译，中信出版社2002年版，第21页。

〔2〕 越轨可以定义为对某一社群或社会中被绝大多数人所接受的一套给定规范的不遵从（non-conformity）。虽然越轨和犯罪在很多情况下互有重叠，但它们并不完全等同。越轨的概念比犯罪宽泛得多，因为后者仅指触犯了法律的不遵从行为。许多形式的越轨行为并不受法律约制。越轨概念既适用于个体行为，也适用于群体活动。［英］安东尼·吉登斯：《社会学》，李康译，北京大学出版社2009年版，第654页。

〔3〕 ［法］埃米尔·涂尔干：《社会分工论》，渠东译，生活·读书·新知三联书店2013年版，第366页。

发展所迷惑；这种发展肯定是在一种病态的兴奋中完成的，我们每个人都感到它令人痛苦的反作用。因此，自杀增加的根源很可能是伴随着文明的进步而来的一种病理状态。"[1]简言之，失范论认为，随着社会的发展变迁，传统的社会规范势必遭到破坏，而在没有新的社会规范予以替代时，社会不可避免地会出现失范状态。进一步而言，在社会生活的某一领域，如果没有明确的行为指引规范，人们就会迷失方向，感到焦虑不安，甚至产生不满情绪，进而导致犯罪、自杀等越轨行为大量发生，这些都是失范状态的表现。

进入 20 世纪，美国社会学家罗伯特·K. 默顿（Robert King Merton）提出了在迪尔凯姆失范论的基础上发展而来的结构紧张理论（Structural Strain Theory），将大规模越轨行为发生的社会根源归结到了美国的社会结构。例如，在 1938 年发表的《社会结构与失范》中，默顿指出，"大规模的越轨行为只有在下述情况下才会发生，一个文化价值系统将某些人人都有的共同成功目标实际上完全置于其他一切目标之上，而对其中相当一部分人来说，社会结构却严格限制了或完全堵死了达到这些目标的得到认可的途径"。"在我们这样的社会里，文化上强调所有人都重视金钱成功，而社会结构却又过分地限制了许多人实际地运用正当手段，这样便产生了一种压力，迫使人们寻求不符合制度规范的革新行为"。[2]简言之，结构紧张理论认为，所谓的"结构紧张"是指这样一种社会状态，即社会过分地强调了"成功"这一价值目标，而社会结构却限制了部分社会成员通过合法手段取得成功的途径，此时

---

〔1〕 ［法］埃米尔·迪尔凯姆：《自杀论》，冯韵文译，商务印书馆 1996 年版，第 403 页。

〔2〕 ［美］罗伯特·K. 默顿：《社会理论和社会结构》，唐少杰、齐心等译，译林出版社 2008 年版，第 241~242 页，第 245 页。

的社会就处于一种紧张或不协调的状态。在这种状态之下，部分社会成员产生了巨大的压力，就可能会放弃通过合法的手段，而尝试使用各种非法的手段去获取成功，实现社会认可的价值目标。如此一来，犯罪等越轨行为也就大量产生了。

虽然社会失范论遭受了不少批评，被认为所使用的概念和理论缺乏实证性基础而无法被测量，以及太不明确而无法推论出具体程度等，[1]但还是对美国的社会学和犯罪学研究产生了巨大而深远的影响。20世纪后期，以失范论和结构紧张理论为基础，史蒂芬·F.梅斯纳尔（Steven F. Messner）和理查德·罗森菲尔德（Richard Rosenfeld）提出了很有影响的制度性失范理论，认为犯罪和越轨行为的发生，更多的不是没有成功机会而是占主导地位的美国社会文化和制度影响的结果，即过度地强调物质成功而不大重视追逐成功的手段。[2]进入21世纪后，仍有不少学者从理论和实证上验证、澄清并试图发展失范论。[3]例如，Liqun Cao 根据默顿的解释设计出了"失范指数"，并通过回归分析的方法验证了美国与其他国家的社会失范程度，结论是美国社会的失范程度虽

〔1〕　Peter Park, *Sociology Tomorrow: An Evaluation of Sociological Theories in Terms of Science*, New York: Pegusus, 1969. Jack P. Gibbs, "The Methodology of Theory Construction in Criminology", in Robert F. Meier ed., *Theoretical Methods in Criminology*, CA: SAGE Publications, 1985, pp. 23~50.

〔2〕　Steven F. Messner, Richard Rosenfeld, *Crime and the American Dream*, New York: Wadsworth Publishing Company, 1994. Steven F. Messner, Richard Rosenfeld, "Political Restraint of the Market and Levels of Criminal Homicide: A Cross-National Application of Institutional-Anomie Theory", *Social Forces*, Vol. 75, No. 4 (1997), p. 1393.

〔3〕　Jón Gunnar Bernburg, "Anomie, Social Change and Crime: A Theoretical Examination of Institutional-Anomie Theory", *British Journal of Criminology*, Vol. 42, No. 4 (2002), p. 729. Michael O. Maume1, Matthew R. Lee, "Social Institutions and Violence: A Sub-National Test of Institutional Anomie Theory", *Criminology*, Vol. 41, No. 4 (2003), p. 1137. Daniel S. Murphy, Mathew B. Robinson, "The Maximizer: Clarifying Merton's Theories of Anomie and Strain", *Theoretical Criminology*, Vol. 12, No. 4 (2008), p. 501.

然比亚洲国家要高，但却低于其他被检验国家的平均失范程度。[1]

第二，文化冲突论（Culture Conflict Theory）。美国社会学家索尔斯坦·塞林（Thorsten Sellin）在 1938 年发表的《文化冲突与犯罪》中系统地阐述了文化冲突理论。塞林认为，刑法是主流文化中的行为规范的反映，所谓主流文化（Dominant Culture），实际上就是传统的中产阶级文化。刑法上所规定的犯罪，就是违反这种主流文化中的行为规范的行为；文化冲突，也就是指社会中的其他文化（移民带来的原所在国家的文化、美国社会中的亚文化等）与这种主流文化的冲突。[2]另外，塞林在文中用了大量的篇幅、案例和统计数据，论证了美国社会中大量的一代、二代移民犯罪与文化冲突的关系，并指出移民犯罪通常被认为系下列原因造成的：一是新旧文化的行为规范之间的冲突；二是从乡村迁移到城市；三是从组织良好的同质社会迁移到无组织的异质社会。[3]

虽然文化冲突论遭受了不少批评，被认为所使用的概念含义较为模糊，科学性难以验证等，但其仍然作为一种独立的、重要的犯罪学说被后来者吸收和发展。在 20 世纪 60 年代，马文·E. 沃尔夫冈（Marvin E. Wolfgang）和弗朗科·费洛库提（Franco Ferracuti）扩展了塞林的研究方法，提出了暴力亚文化理论，指出暴力亚文化与主流文化有着严重的冲突，要从它们产生的历史、社会和文

---

〔1〕 Liqun Cao, "Is American Society More Anomic? A Test of Merton's Theory with Cross‑National Data", *International Journal of Comparative and Applied Criminal Justice*, Vol. 28, No. 1 (2011), p. 15.

〔2〕 吴宗宪：《西方犯罪学》（第 2 版），法律出版社 2006 年版，第 357 页。

〔3〕 ［英］布罗尼斯拉夫·马林诺夫斯基、［美］索尔斯坦·塞林：《犯罪：社会与文化》，徐章润、么志龙译，广西师范大学出版社 2003 年版，第 151 页。

化背景来理解暴力犯罪行为。[1]进入 21 世纪后，甚至有学者尝试用跨越国界的文化冲突来解释当地的犯罪行为。在 2006 年，亚娜·阿尔索夫斯卡（Jana Arsovska）和菲力浦·凡尔登（Philippe Verduyn）对来自阿尔巴尼亚、科索沃和马其顿三个国家共 864 名阿尔巴尼亚人进行了一项跨国调查，并在此基础上通过线性回归分析等方法进行了检验，结论表明：尽管阿尔巴尼亚社会正处于快速变革期，传统的价值观已经被严重削弱，但仍未被新的所替代。所以，由西方文化扩张而导致的"文化冲突"或"行为准则的冲突"（而非传统的暴力文化），可能是对最近阿尔巴尼亚社会犯罪激增的更好解释。[2]

　　第三，相对剥夺论（Relative Deprivation Theory）。"相对剥夺"这一概念，最早由萨米尔·斯托弗（S. A. Stouffer）等在 1944 年发表的《美国士兵》中提出，并用来对美国士兵中的不满情绪进行解释。例如，海外后方士兵把自己与在美国国内服役的士兵相比时，很可能他的不满足感就会非常强烈，而这种不满足感的强烈程度会因自己与前线士兵相比所产生的满足感而减弱。[3]之后，虽然相对剥夺概念受到了不少的批判，[4]但经过戴维斯（Davis，

---

〔1〕　Marvin E. Wolfgang, Franco Ferracuti, *The Subculture of Violence: Towards an Integrated Theory in Criminology*, New York: Tavistok, 1967.

〔2〕　Jana Arsovska, Philippe Verduyn, "Globalization, Conduct Norms and ' Culture Conflict': Perceptions of Violence and Crime in an Ethnic Albanian Context", *British Journal of Criminology*, Vol. 48, No. 2 (2007), p. 226.

〔3〕　其后，罗伯特·K. 默顿在 1957 年出版的《社会理论和社会结构》中对相对剥夺加以系统阐述，发展了参考群体行为理论，认为当个人将自己与参照群体中的他人相比较并发现自己处于不利地位时，就会感觉自己受到了剥夺。（［美］罗伯特·K. 默顿：《社会理论和社会结构》，唐少杰、齐心等译，译林出版社 2008 年版，第 331～342、391 页。）

〔4〕　Clark McPhail, "Civil Disorder Participation: A Critical Examination of Recent Research", *American Sociological Review*, Vol. 36, No. 6 (1971), p1058.

James A. ）等学者持续不断的论证完善，还是形成了正式的、完整的、有巨大影响的相对剥夺理论体系。其基本观点是：行为人对相对剥夺的认知会导致自己在心理上产生受剥夺感；而行为人在这种受剥夺感的支配下，就会实施一定的行为以减轻受剥夺感。[1]

相对剥夺理论产生之初并不是为了解释犯罪等越轨行为，但在该理论产生后越来越多的学者开始用其解释犯罪行为。C. 罗纳德·彻斯特（C. Ronald Chester）的研究成果修正了绝对贫困导致犯罪的假说，指出绝对贫困远比相对贫困的犯罪因子更低，相对剥夺感会刺激人们实施财产犯罪，这对全体社会成员都适用；而且，只要美国的社会结构不变，这种趋势就不会发生改变。[2]朱迪丝·R. 布劳（Judith R. Blau）和皮特·M. 布劳（Peter M. Blau）基于美国 125 个大城市的相关数据，通过回归分析发现：由更多的不平等所产生的相对剥夺（而非由更多的贫困所产生的绝对剥夺）才是暴力犯罪最肥沃的生存土壤。具体而言，当贫困者感受到贫富悬殊所带来的相对剥夺感，而自己又无法通过合法手段加以改变时，就会导致愤怒情绪和犯罪行为的产生。[3]进入 21 世纪后，

〔1〕 Davis, James A. , "A Formal Interpretation of the Theory of Relative Deprivation", *Sociometry*, Vol. 22, No. 4 (1959), p. 280. Davies, James C. , "Toward a Theory of Revolution", *American Sociological Review*, Vol. 27, No. 1 (1962), p. 5. Runciman, W. G. , *Relative Deprivation and Social Justice: A Study of Attitudes to Social Inequality in Twentieth-century England*, Berkeley: University of California Press, 1966. Gurr, T. R. , "A Causal Model of Civil Strife: A Comparative Analysis Using New Indices", *The American Political Science Review*, Vol. 62, No. 4 (1968), p. 1104. Crosby, Faye, "A model of egoistic relative deprivation", *Psychological Review*, Vol. 83, No. 2 (1976), p. 85.

〔2〕 C. Ronald Chester, "Perceived Relative Deprivation as a Cause of Property Crime", *Crime and Delinquency*, Vol. 22, No. 1 (1976), p. 17.

〔3〕 Judith R. Blau, Peter M. Blau, "The Cost of Inequality: Metropolitan Structure and Violent Crime", American Sociological Review, Vol. 47, No. 1 (Feb. , 1982), p. 114.

尽管有研究否定了相对剥夺论对犯罪行为发生原因的解释,[1]但还是有很多学者的验证结果在不同程度上支持了相对剥夺论。例如,帕布罗·法尼柏(Pablo Fajnzylber)、丹尔尔·莱德曼(Daniel Lederman)和诺曼·洛艾萨(Norman Loayza)的研究结果显示:在国家内部,特别是在国家之间,犯罪率与收入的不平等都呈现出正相关关系;即使在控制了其它犯罪决定因素后,这种相关性也反映了收入不平等与犯罪率之间的因果关系。[2]杰西·布鲁什(Jesse Brush)的研究结果显示:尽管时序数据的分析结果显示收入的不平等与犯罪率之间是负相关关系,但横截面数据的分析结果却显示收入的不平等与犯罪率之间存在正相关关系。[3]

第四,社会控制论(Social Control Theory)。控制理论(Control Theory),是用社会控制的强弱来解释犯罪行为产生原因的理论。控制理论的基本观点是:人们之所以不犯罪,是由于存在着抑制或控制人们不犯罪的各种力量;人们之所以犯罪,也是由于抑制或控制人们不犯罪的力量薄弱,而不是由于存在着驱使他们犯罪的力量。[4]可见,在控制理论者看来,人都是理性的,人人都有犯罪的冲动,人人都是潜在的犯罪者;如果有合适的机会,人人都会实施犯罪行为。换言之,犯罪行为之所以会发生,是因为实施犯罪的冲动与抑制它的力量之间出现了失衡,从而为犯罪

---

〔1〕　例如,有研究结果显示:收入的不平等与暴力犯罪、财产犯罪等不同种类的犯罪之间不存在有意义的关系。A. H. Baharom, Muzafar Shah Habibullah, "Crime and Income Inequality: The Case of Malaysia", *Journal of Politics and Law*, Vol. 2, No. 1 (2009), p 55.

〔2〕　Pablo Fajnzylber, Daniel Lederman and Norman Loayza, "Inequality and Violent Crime", *The Journal of Law & Economics*, Vol. 45, No. 1 (2002), p. 1.

〔3〕　Jesse Brush, "Does Income Inequality Lead to More Crime? A Comparison of Cross-sectional and Time-series Analyses of United States Counties", *Economics Letters*, Vol. 96, No. 2 (2007), p. 264.

〔4〕　吴宗宪:《西方犯罪学》(第 2 版),法律出版社 2006 年版,第 381 页。

行为的实施提供了机会，进而导致了犯罪行为的发生。

早在 20 世纪中期，就有不少学者研究了社会控制与犯罪的关系问题。例如，Reiss 认为，犯罪行为的产生是由于社会控制的崩溃，以及个体内化行为准则的缺乏。[1]克利福德·R. 肖（Clifford R. Shaw）和亨利·D. 麦凯（Henry D. McKay）认为，犯罪在社会解组的情境下发生，因为社会解组导致了制度控制的削弱。[2]1969 年，美国犯罪学家特拉维斯·赫希（Travis Hirschi）在《少年犯罪原因》中系统论述了犯罪的社会控制理论（Social Control Theory），又称为"社会联系理论"（Social Bond Theory）。这一理论的基本观点是：任何人都是潜在的犯罪人，个人与社会的联系可以阻止个人进行违反社会准则的越轨与犯罪行为，当这种联系薄弱时，个人就会无约束地随意进行犯罪行为，因此，犯罪就是个人与社会的联系薄弱或受到削弱的结果。[3]社会控制理论的核心概念是社会联系（Social Bond），赫希认为有四种联系，即依恋（Attchment）、奉献（Commitment）、投入（Involvement）和信念（Belief）将行为与守法联结在一起，如果这四种联系足够牢固，就足以抑制犯罪的发生，如果这四种联系过于脆弱，犯罪行为就会发生。尽管赫希提出的社会控制理论受到了不少批评，如马文·D. 克朗（Marvin D. Krohn）和詹姆斯·L. 梅西（James L. Massey）认为，这种社会控制模型更适合预测身份犯和较轻的犯罪，而不大

---

〔1〕 Albert J. Reiss, Jr., "Delinquency as the Failure of Personal and Social Controls", *American Sociological Review*, Vol. 16, No. 2 (1951), p. 196.

〔2〕 Clifford R. Shaw, Henry D. McKay, *Juvenile Delinquency and Urban Areas*, Chicago: University of Chicago Press, 1969.

〔3〕 吴宗宪："赫希社会控制理论述评"，载《预防青少年犯罪研究》2013 年第 6 期。

适合预测较重的犯罪。[1]但是，社会控制理论还是受到了学界的普遍重视与认可，迈克尔·J.欣德朗（Michael J. Hindelang）、史蒂芬·A.格恩科维奇（Stephen A. Cernkovich）和詹妮弗·弗里德曼（Jennifer Friedman）等支持并发展了该理论。[2]

第五，社会解组论（Social Disorganization Theory）。社会解组论，又称社会生态学理论，是20世纪二三十年代由芝加哥学派构建并发展起来的一种犯罪社会学理论。社会解组论的产生与当时芝加哥的社会变迁有关，随着工业化和城市化的快速推进，大量新的人口（既有本土的迁移人口，又有国外的移民）涌入芝加哥，这在推动城市发展的同时，也带来了犯罪剧增等各种社会问题。作为芝加哥学派理论的创始人，罗伯特·埃兹拉·帕克（Robert Ezra Park）和厄内斯特·沃森·伯吉斯（Ernest Watson Burgess）根据迪尔凯姆的失范论对犯罪和相关社会问题展开了研究，特别是将生态学的理论和研究方法引入对人类社区的研究之中，发展了一种同心圆理论（Theory of Concentric Circles）。他们认为，芝加哥可以分为五个主要的同心圆和一些更小的圆心区域，侵入、统治和接替的过程会依次出现在各个区域，即当这些自然区域被那些从自己的自然区域迁出的人所侵入，而使原来的居民不断迁出，搬到有更加令人满意的居住条件和邻里的区域的过程中，就产生

---

〔1〕 Marvin D. Krohn, James L. Massey, "Social Control and Delinquent Behavior: An Examination of the Elements of the Social Bond", *The Sociological Quarterly*, Vol. 21, No. 4 (1980), p. 529.

〔2〕 Michael J. Hindelang, "Causes of Delinquency: A Partial Replication and Extension", *Social Problems*, Vol. 20, No. 4 (1973), p. 471. Stephen A. Cernkovich, "Evaluating Two Models of Delinquency Causation: Structural Theory and Control Theory", *Criminology*, Vol. 16, No. 3 (1978), p. 335. Jennifer Friedman, Dennis P. Rosenbaum, "Social Control Theory: The Salience of Components by Age, Gender, and Type of Crime", *Journal of Quantitative Criminology*, Vol 4, No. 4 (1988), p. 363.

了新的居民迁入而旧的居民迁出的"间隙区域"（interstitial area），在这个间隙区域，社会传统和社会控制被削弱或瓦解，因而会产生大量的社会问题。[1]同心圆理论奠定了社会解组论的基础，在此研究基础上，同属芝加哥学派的克利福德·R. 肖和亨利·D. 麦凯在1942年发表的《青少年犯罪与城市区域》中提出了系统完整的社会解组论。他们认为，过渡性的聚居区（Transitional Neighborhoods）的社会解体是造成青少年犯罪的主要原因。人口成分的不断变化、外来文化的瓦解、不同文化标准的扩散以及地区的工业化，导致了聚居区文化和组织的解体。聚居区传统的惯例和组织的持续性被打破。这样，聚居区作为整体控制以及社会道德标准传递媒介的效能，大大地降低。在这种环境中长大的儿童几乎没有机会接触传统社会的文化遗产，他们中的绝大多数参加自发的游戏群体和有组织的犯罪团伙。这种地区特别有利于少年犯罪团伙和有组织犯罪的栖息、生长。[2]

社会解组论认为，随着社会的快速变迁，尤其是人口的大量流动，原有的社会组织，如家庭、学校、企业等变得薄弱，传统的社会规范、价值观念等受到削弱，并逐步丧失了对社会成员的权威、约束和控制能力，这很容易引起社会成员的沮丧、愤怒和冲突，犯罪等越轨行为就会在这种环境下滋生。作为解释犯罪发生原因的最重要的理论之一，社会解组论在提出后受到了学者们的极大关注，在20世纪五六十年代步入了短暂的辉煌期。然而，由于二战后的社会变迁等原因，社会解组论很快被边缘化。但自20世纪80年代开始，不断有学者尝试用该理论解释犯罪、尤其是

---

〔1〕 吴宗宪：《西方犯罪学》（第2版），法律出版社2006年版，第331~336页。

〔2〕 张小虎："现代美国犯罪社会学理论述评"，载《刑事法评论》2001年第1期。

青少年犯罪问题。[1] 罗伯特·J. 波塞克（Rober J. Bursik）总结了社会解组论所面临的五大批判，如无法收集到合适的数据对社会解组的内容和程度做出具体测量等，并一一做出了回应，然后以此为基础提出了改进、完善社会解组论要关注的三个方向，如谨慎地采用非递归模型、重视对被害方的研究、将传统上有竞争关系的机会理论与社会解组论相结合等。[2] 为了使社会解组论更好地概念化，使其变得可测量和可操作，罗伯特·J. 桑普森（Robert J. Sampson）和 W. 拜伦·格罗夫斯（W. Byron Groves）提出了一个包括外源性因素和干预变量在内的社会解组模型。外源性因素包括社会经济地位、种族多样性、居民流动性、家庭破裂度和都市化程度。干预变量包括社区监督青少年帮伙的能力、非正式的友谊网络和正式的组织参与。[3] 在一定程度上用较为完美的模型解决社会解组内容的测量问题后，波塞克和哈罗德·G. 格斯米克（Harold G. Gramsmick）开始尝试将社会解组论与社会控制论、日常行为理论结合在一起，以求更好地解释犯罪以及犯罪率的变化趋势。[4] 进入 21 世纪后，伊万·Y. 孙（Ivan Y. Sun）等使用来自 7

---

〔1〕　Johnstone, J. W. C., "Social Class, Social Areas and Delinquency", *Sociology and Social Research*, Vol. 63, No. 1 (1978), p. 49. Johnstone, J. W. C., "Recruitment to a Youth Gang", *Youth and Society*, Vol. 14, No. 3 (1983), p. 281. Robert J. Bursik, Jr., and Jim Webb, "Community Change and Patterns of Delinquency", *American Journal of Sociology*, Vol. 88, No. 1 (1982), p. 24. OM Simcha-Fagan, JE Schwartz, "Neighborhood and Delinquency: An Assessment of Contextual Facts", *Criminology*, Vol. 24, No. 4 (1986), p. 667.

〔2〕　Robert J. Bursik, Jr., "Social Disorganization and Theories of Crime and Delinquency: Problems and Prospects", *Criminology*, Vol. 26, No. 4 (1988), p. 519.

〔3〕　Robert J. Sampson, W. Byron Groves, "Community Structure and Crime: Testing Social-Disorganization Theory", *American Journal of Sociology*, Vol. 94, No. 4 (1989), p. 774.

〔4〕　Robert J. Bursik, Jr., Harold G. Grasmick, *Neighborhoods and Crime: The Dimensions of Effective Community Control*, New York: Lexington Books, 1993.

个城市 36 个街区的数据验证了社会解组论，结果适度支持了桑普森和格罗夫斯的模型。[1]

上述五种犯罪社会学理论，分别从不同的角度解读了工业化、城市化和现代化过程中犯罪行为的发生原因。对此，要认识到：这五种理论确实可以在一定程度上解释因人口流动而引发的各种犯罪行为。具体而言，其一，以社会失范论为例，流动人口一般属于相对弱势的群体，其实现社会共同价值目标的能力有限，在目标实现的过程中不断受到挫折时，对既有社会规范的不认同感会逐步增强，进而导致社会处于失范状态，此时通过犯罪行为实现价值目标也就成为大概率事件。其二，以文化冲突论为例，当一个文化区域的人员流动到另一个文化区域时，不同文化之间的差异很容易发生碰撞，甚至演变成激烈的矛盾、冲突和对抗；而且，人员的流动性越大，这种文化之间的冲突就会越发地频繁和激烈，也就越容易导致犯罪行为的发生。其三，以相对剥夺论为例，流动人口一般处于社会的底层，其往往是从相对落后的乡村流动到较为繁华的城市，在自觉或不自觉地将自己的工作、生活状态同城市居民进行比较之后，其内心的受剥夺感就会随着时间的推移而愈发地强烈，此时通过犯罪摆脱受剥夺感的可能性也就越大。其四，以社会控制论为例，流动人口的流动性决定了他们与社会的联系较为松散，这就意味着社会抑制或控制流动人口不犯罪的力量也很薄弱，由此，流动人口成为潜在犯罪者的可能性也就较大。其五，以社会解组论为例，人口的不断流动会改变社区原有的结构，影响到社区的团结，阻碍社区共同价值目标的建立；人口流动的规模越大、速度越快，社区对成员的权威、约束

---

[1] Ivan Y. Sun, Ruth Triplett, Randy R. Gainey, "Neighborhood Characteristics and Crime: A Test of Sampson and Groves' Model of Social Disorganization", *Western Criminology Review*, Vol. 5, No. 1 (2004), p. 1.

和控制能力也就越弱，成员对社区规范的认可、遵从度也就越低，犯罪行为也就越容易滋生、蔓延。

第三节　小结：流动人口犯罪问题研究进展评析

第一，国内研究现状评析。上述国内研究成果，从研究时间看，超过85%的文献发表在2000年后；从研究方法看，既有理论研究又有实证研究；从研究内容看，主要集中在流动人口犯罪的现状、原因和对策方面；从研究效果看，对流动人口犯罪的防控有重要的借鉴意义。但总体来看，现有的研究仍存在部分不足之处，主要表现为：其一，部分研究成果专注单一学科研究，缺乏交叉学科解构。当今学术研究的分工越来越细，同时，学科之间的交叉、融合也越来越突出。研究流动人口犯罪的防控措施，离不开对社会学、人口学、管理学、经济学等学科有关流动人口问题研究成果的结合和借鉴。部分成果在单一学科内对流动人口犯罪问题进行封闭式的研究，难以得出具有针对性、实用性、科学性和系统性的研究结论。其二，部分研究成果偏重宏观预测，欠缺微观分析。流动人口犯罪问题是一个宏大的社会问题，但是，发展趋势、发生机制以及防控措施的研究却要从细微处着眼。部分成果对流动人口犯罪的发生机制缺乏深入的分析，仅指出原因与犯罪的发生有关联，但在何种程度上有关联却言之模糊，致使研究缺乏合理、科学的切入点和坚实的理论前提与基础；部分成果虽在详细分析流动人口犯罪的发生机制的基础上，提出了防控对策，但却失之于空泛，不具有可操作性。其三，部分研究成果注重防控措施效果，忽视流动人口权益保护。流动人口犯罪高发，是我国改革开放和工业化、城镇化进程中不可避免的社会问题，不可能在短期内消亡，因此，对流动人口犯罪问题的研究要立足现在、放眼未来，在治理理念上要打破功利化的桎梏。部分研究成果站在社会管理者的立场上，提出了在一时一地有效的管控措施，但却忽视了流动人口群体的权益保护，给流动人口犯罪的科学治理埋下了隐患。

第二，国外相关研究评析。上述国外的五种犯罪社会学理论，尽管能够在一定程度上解释因人口流动而导致的犯罪行为，但却很难全面地解释我国在社会转型期出现的流动人口犯罪高发现象。具体而言：其一，这五种理论植根于美国，主要用来理解美国工业化社会和现代化城市中发生的各种犯罪行为。可是，由于国体、政体和国情的不同，美国基本上没有类似于我国的户籍管理制度，[1]也就不存在我国所特有的"流动人口"犯罪。简言之，犯罪的本土化特征决定了这五种理论难以全面地解释我国的流动人口犯罪问题。其二，这五种理论虽然影响巨大且都经历了近一个世纪的检验，但也都存在着一定的不足之处。以社会失范论为例，金钱上的成功是美国社会的共同价值目标，但美国的社会结构却限制了部分人目标的实现，进而激发了犯罪；而在其他共同价值目标和社会结构都不同于美国的国家，失范论还能否适用，这需要实证检验。以文化冲突论为例，美国是一个移民国家，不同的移民文化之间、移民文化与本土文化之间都存在着很大的差异和冲突；而在其他移民较少的国家，仅由国内不同文化区域人员的流动而引起的文化冲突，是否能够严重到足以导致犯罪发生的程度，是

---

〔1〕 美国是一个人口迁徙自由的国家，美国的"社会保障号"（Social Security Number，SSN）是美国政府进行人口管理的依据，类似我国的身份证号码，一号终身，到美国留学、访学和工作的人也可申请，如因工作或生活进行迁徙，即可凭此享受当地福利。The Social Security Administration. Social Security Number And Card，available from http://www.apgml.org/members-and-observers/page.aspx? p = 8c32704a-5829-4671-873c-7b5a23ced347，访问日期：2015 年 2 月 5 日。

个值得思考的问题。以相对剥夺论为例，相对剥夺比绝对剥夺更容易刺激人们实施犯罪，这不只是在美国适用，在其他发展中国家也可以适用，但从适用的犯罪类型上看，该理论更适合解释财产犯罪，而难以用来解释其他种类的犯罪。以社会控制论为例，个人与社会相联结的四个方面是否适用于美国社会之外的其他社会，这四个方面在不同社会、不同阶段会不会发生改变，或者有没有侧重，这都需要进一步的验证。以社会解组论为例，在美国很多城市，富人区、穷人区等区域的界限比较分明，在所谓的间隙区域、过渡性聚居区出现文化和组织的解组较为明显；而在城市区域结构划分完全不同于美国的国家，社会解组论能否适用，仍然存疑。

综上所述，一方面，对国内的流动人口犯罪问题研究成果，可以有辨别地加以吸收和借鉴；另一方面，对国外犯罪社会学理论的研究、借鉴和适用绝不能生搬硬套。当然，也要明确，虽然上述国外的各种犯罪社会学理论最初是根据美国等发达国家的发展情况构建起来的，有一定的局限性和弊端，但对分析其他国家工业化、城市化和现代化过程中发生的犯罪行为，仍然有一定的借鉴价值。因为，流动人口犯罪确实与工业化、城市化的进程紧密相连。正如美国社会学家路易丝·谢利所言："由于人口大量流入城市，使城市犯罪跃居全国犯罪的首位，而农村的犯罪在全国犯罪中已不再占主要地位。城市化使整个犯罪率不可逆转地增长。"[1]总之，尽管世界各国的社会制度不同，但对人口管理和犯罪治理的重视程度却是高度一致的。研究借鉴发达国家先进的人口管理办法和犯罪治理经验，对我国完善和创新流动人口的服务和管理，治理日益严重的流动人口犯罪有着重要意义。

---

〔1〕 ［美］路易丝·谢利：《犯罪与现代化——工业化与城市化对犯罪的影响》，何秉松译，中信出版社 2002 年版，第 51 页。

第二章

北京市流动人口犯罪的发展趋势

　　正确认识流动人口犯罪的发生现状，科学分析流动人口犯罪的结构特征，谨慎预测流动人口犯罪的发展趋势，是破解流动人口犯罪问题的前提。要正确认识流动人口犯罪，离不开对犯罪统计数据的运用。所谓犯罪统计，是指"国家司法机关、统计机构、有关学者定期而又系统地就犯罪现象、犯罪原因、犯罪控制所收集和出版的犯罪资料进行的统计研究"。[1]犯罪统计是认识犯罪状况、预测犯罪态势、分析犯罪原因、提出治理措施的重要依据。而且，"统计数据是很有用的东西。他们很独立，不会被党派所左右，且非常有引用价值；他们是冰冷的运算，并不因过多的争论而改变，从来不会被称为'该死的谎

---

〔1〕 刘广三："犯罪统计初探"，载《山东法学》1998 年第 4 期。

言'。"[1]由此，下文将以收集到的有关数据资料为基础，通过统计分析的方法，描述北京市流动人口犯罪的真实情况，为探寻北京市流动人口犯罪的发生原因并提出相应的治理措施奠定基础。而在着手分析相关数据资料前，有两个问题需要说明：

第一，北京流动人口犯罪数据有限公开对本研究的影响。在我国，犯罪统计的主体主要是国家司法机关和政府统计部门，一些比较重要或敏感的犯罪统计数据往往被相关部门认定为不宜公开，社会公众在一般情况下很难获取相关犯罪数据。笔者也曾多方联系，想要获取近年来北京全市范围内的流动人口犯罪统计数据，但都因为各种原因而未能如愿。为降低流动人口犯罪数据公开度有限对本研究的科学性可能造成的不利影响，笔者综合各方面因素考虑，从多个角度梳理分析了北京市流动人口犯罪的现状、特征与发展趋势：其一，以北京市大兴区的统计数据为样本进行了分析。笔者从大兴区检察院获取了全区审查起诉的流动人口犯罪案件的完整数据，以期通过对这些样本数据的梳理和分析，勾勒出整个北京市流动人口犯罪的真实情况。其二，以北京市法院的刑事判决书为样本进行了分析。笔者从北京市法院的裁判文书系统里，随机抽取了千余份刑事判决书作为研究样本，以期通过对这些样本案例的梳理和分析，描述出整个北京市流动人口犯罪的真实情况。其三，比较两方面的分析结果，以确保本研究的科学性。

第二，北京通州"行政副中心"的建设对本研究的影响。2016年3月28日公布的《北京市国民经济和社会发展第十三个五年规划纲要》指出，要有序推动市属行政事业单位向市行政副中心转

---

〔1〕　Ruth E. Friedman, "Statistics and Death: The Conspicuous Role of Race Bias in the Administration of Death Penalty", *The Berkeley Journal of African-American Law and Policy*, Vol. 4, No. 1 (2009), p. 75.

移；要在通州高起点规划、高水平建设市行政副中心，突出行政办公职能，配套发展文化旅游、商务服务，确保到 2017 年市属行政事业单位部分迁入取得实质性进展。2016 年 4 月 26 日，通州区政府发布的信息显示，通州区域范围内 906 平方公里已全部被纳入北京城市副中心的范围，通州还将出台更严格的人口管理办法，疏解现状存量流动人口，通过淘汰低端产能，结合环境建设，结合疏解非首都核心功能，把人疏解出去，至少涉及不止 10 万人口。[1] 随着北京行政或城市副中心建设的推进，以及相对低端产业的转移和流动人口的疏解，北京市城区和城郊的流动人口结构必然会发生重大改变；与之相应，在未来数年中，北京市流动人口犯罪的发生机制和发展趋势很有可能会出现新的变化。因此，在京津冀一体化的区域发展政策背景下，研究北京市的流动人口犯罪问题将是大势所趋。但是，毕竟当前副中心的建设与人口疏解工作远未完成，这对现有的流动人口犯罪态势影响不大，因而本研究的科学性还是有保障的。当然，后续研究完全可以在两到三年后进行，即随着北京市人口流动状态的相对稳定，更新北京市流动人口犯罪的数据资料，对北京市流动人口犯罪问题做更为深入的研究，并和本研究所得结论进行对比。

第一节　以北京市大兴区的统计数据为样本的分析

一、确定大兴作为研究样本的合理性

北京作为中华人民共和国的首都、直辖市和国家中心城市，

---

〔1〕 王红茹："从 6 平方公里到 155 平方公里，再到 906 平方公里 通州全境纳入'北京城市副中心'"，载《中国经济周刊》2016 年第 18 期。

下辖16个区（县）。[1]那么，本研究为何确定了大兴区，而没有选择其它区作为研究样本？这是必须要首先说明的问题，具体理由如下：

1. 将大兴区作为研究样本是因为有相关犯罪数据。近年来，大兴区流动人口犯罪长期处于高位运行，所以，大兴区委、区政府高度重视社会治安的综合治理，政法各部门各司其职，协调配合，下功夫抓好流动人口犯罪的防控与治理工作。大兴区人民检察院，作为该区域内代表国家追诉犯罪的专门机关，非常重视流动人口犯罪问题的研究工作。在2013年，笔者开始与大兴区人民检察院研究室合作研究该区域的流动人口犯罪问题，并在之后的研究过程中获取了2009年至2013年间该区域流动人口犯罪的相关数据资料。因此，这一部分的研究都是基于这些数据资料来展开的。当然，从时间窗口上看，这些数据资料相对陈旧；从地域范围上看，这些数据资料相对狭窄。正因如此，笔者才抽取了全市范围内的最新刑事判决书作为研究样本，进行比较分析，以弥补数据资料上的不足，为接下来的研究奠定牢固的基础。

2. 将大兴区作为研究样本是因为有一定的代表性。研究样本

---

[1]　2006年，《北京市"十一五"时期功能区域发展规划》将北京市18个区县划分为四大功能区域，即首都功能核心区，包括东城、西城、崇文、宣武四个区；城市功能拓展区，包括朝阳、海淀、丰台、石景山四个区；城市发展新区，包括通州、顺义、大兴、昌平、房山五个区和亦庄开发区；生态涵养发展区，包括门头沟、平谷、怀柔、密云、延庆五个区县。2010年，国务院批复了北京市政府关于调整首都功能核心区行政区划的请示，同意撤销北京市东城区、崇文区，设立新的北京市东城区，撤销北京市西城区、宣武区，设立新的北京市西城区。2012年，《北京市主体功能区规划》将全市国土空间确定为四类功能区域，其中：首都功能核心区，包括东城区和西城区；城市功能拓展区，包括朝阳区、海淀区、丰台区、石景山区；城市发展新区，包括通州区、顺义区、大兴区（北京经济技术开发区）以及昌平区和房山区的平原地区；生态涵养发展区，包括门头沟区、平谷区、怀柔区、密云县、延庆县以及昌平区和房山区的山区部分。

的选取必须具有代表性，对样本进行研究所得出的结论能否适用
于类似地区或样本所属上级地区，是判断样本选取科学与否的重
要标准。换言之，由于样本的选取直接关系到研究结果的科学性
和正确性，因而依据科学的标准进行样本选取是非常必要的。下
面，笔者将运用比较分析的方法来论证选择大兴区作为研究样本
的合理性，进而说明大兴区流动人口犯罪的状况在一定程度上是
可以反映出北京市流动人口犯罪的整体状况的。具体而言：

第一，大兴区与首都功能核心区的比较分析。2012 年《北京
市主体功能区规划》指出，该区域是本市开发强度最高的完全城
市化地区，主体功能是优化开发，同时也要保护区域内故宫等禁
止开发区域，适度限制与核心区不匹配的相关功能。表 2.1 是大兴
区与东城区、西城区这两个首都功能核心区的人口数量比较情况：

表 2.1　大兴区与首都功能核心区的人口数量比较（单位：万人）

年份	大兴		东城		西城	
	常住人口	外来人口	常住人口	外来人口	常住人口	外来人口
2010	136.5	64.4	91.9	22.0	124.3	32.7
2011	142.9	67.7	91.0	21.4	124.0	32.0
2012	147.0	71.4	90.8	21.2	128.7	33.3
2013	150.7	73.5	90.9	21.0	130.3	34.4
2014	154.5	75.6	91.1	21.2	130.2	32.8
2015	156.2	76.1	90.5	20.7	129.8	31.0

数据来源：《北京统计年鉴 2011 年至 2016 年》

表 2.1 显示，在大兴区，大约平均每 2 个常住人口中就有 1 个
是外来人口。与大兴区相比，外来人口在首都功能核心区的总量
并不大，且占该区域常住人口的比例较低，大约平均每 4 个常住人

口中才有 1 个是外来人口。究其原因，是因为该区域是北京市
（也是整个国家）的政治、金融管理和国际交往中心，以发展高端
商业为主，生活成本巨大，以大多数外来人口的经济状况，一般
不会选择在此区域生活居住。当然，虽然居住在该区域的外来人
口不算太多，但每天进入该区域工作、购物、就医等的外来人口
却有很多。不过，由于东西城的特殊性，该区域内的警力强大，
社会治安状况良好，外来人口犯罪情况并不突出。显然，与该区
域相比，选择大兴区作为研究样本更具代表性。

　　第二，大兴区与城市功能拓展区的比较分析。2012 年《北京
市主体功能区规划》指出，该区域是本市开发强度相对较高、但
未完全城市化的地区，主体功能是重点开发，要坚持产业高端化、
发展国际化、城乡一体化。同时，也要优化提升商务中心区
（CBD）、中关村核心区等较为成熟的高端产业功能区，严格保护
颐和园、西山国家森林公园等禁止开发区。表 2.2 是大兴区与朝阳
区、海淀区、丰台区、石景山区这四个城市功能拓展区的人口数
量比较情况：

表 2.2　大兴区与城市功能拓展区的人口数量比较（单位：万人）

年份	大兴		朝阳		海淀		丰台		石景山	
	常驻人口	外来人口	常驻人口	外来人口	常驻人口	外来人口	常驻人口	外来人口	常驻人口	外来人口
2010	136.5	64.4	354.5	151.5	328.1	125.6	211.2	81.3	61.6	20.7
2011	142.9	67.7	365.8	160.9	340.2	133.5	217.0	84.3	63.4	21.3
2012	147	71.4	374.5	169.5	348.4	138.4	221.4	83.7	63.9	21.4
2013	150.7	73.5	384.1	176.1	357.6	143.5	226.1	85.0	64.4	21.4
2014	154.5	75.6	392.2	179.8	367.8	150.3	230.0	85.1	65.0	21.2
2015	156.2	76.1	395.5	184.0	369.4	148.6	232.4	83.8	65.2	21.0

数据来源：《北京统计年鉴 2011 年至 2016 年》

　　表2.2显示，与大兴区相比，外来人口在城市功能拓展区（尤其是朝、海、丰）的总量很大，且占该区域常住人口的比例较高，大约平均每2.5个常住人口中就有1个是外来人口。究其原因，是因为该区域服务业发达，就业岗位较多，且有大片地区属于城乡结合部，生活成本相对较低，所以大多数外来人口选择在此区域工作、生活和居住。正因如此，该区域外来人口犯罪形势比较严峻。但是，近年来大兴区经济社会发展状况良好。与城市功能拓展区相比，大兴区外来人口增长速度更快，且占全区常住人口的比例也更高。与之相伴的是，大兴区的外来人口犯罪问题越来越突出。因此，与该区域相比，选择大兴区作为研究样本在一定程度上更能体现出北京市流动人口犯罪的发展态势。

　　第三，大兴区与生态涵养发展区的比较分析。2012年《北京市主体功能区规划》指出，该区域是保障本市生态安全和水资源涵养的重要区域。主体功能是限制开发，要限制大规模高强度工业化城镇化开发。要重点培育旅游、休闲、康体、文化创意、沟域等产业，推进新城、小城镇和新农村建设。要严格保护长城、八达岭-十三陵风景名胜区等各类禁止开发区。表2.3是大兴区与门头沟区、平谷区、怀柔区、密云区、延庆区这五个生态涵养发展区的人口数量比较情况：

表2.3　大兴区与生态涵养发展区的人口数量比较（单位：万人）

年份	大兴		门头沟		平谷		怀柔		密云		延庆	
	常驻人口	外来人口	常驻人口	外来人口	常驻人口	外来人口	常驻人口	外来人口	常驻人口	外来人口	常驻人口	外来人口
2010	136.5	64.4	29.0	4.7	41.6	4.9	37.3	10.3	46.8	6.9	31.7	3.9
2011	142.9	67.7	29.4	4.8	41.8	5.1	37.1	10.2	47.1	7.0	31.9	4.0
2012	147.0	71.4	29.8	4.9	42.0	5.2	37.7	10.3	47.4	7.1	31.7	3.7
2013	150.7	73.5	30.3	5.0	42.2	5.3	38.2	10.6	47.6	7.2	31.6	3.6

续表

年份	大兴		门头沟		平谷		怀柔		密云		延庆	
	常驻人口	外来人口	常驻人口	外来人口	常驻人口	外来人口	常驻人口	外来人口	常驻人口	外来人口	常驻人口	外来人口
2014	154.5	75.6	30.6	4.9	42.3	5.3	38.1	10.4	47.8	7.2	31.6	3.6
2015	156.2	76.1	30.8	4.8	42.3	5.3	38.4	10.5	47.9	7.1	31.4	3.6

数据来源:《北京统计年鉴 2011 年至 2016 年》

表2.3 显示,与大兴区相比,外来人口在生态涵养发展区的总量很小,且占该区域常住人口的比例较低,大约平均每 6 个常住人口中才有 1 个是外来人口。究其原因,是因为该区域属于远郊,且大多是山区,适合外来人口的就业岗位相对较少,只是因该区域生活成本较低,才有不少外来人口选择在此居住。显然,与该区域相比,选择大兴区作为研究样本更具代表性。

第四,大兴区与其它城市发展新区的比较分析。2012 年《北京市主体功能区规划》指出,该区域是本市开发潜力最大、城市化水平有待提高的地区,主体功能是重点开发,要加快重点新城建设,同时,要优化提升临空经济区和北京经济技术开发区等基本成熟的高端产业功能区,严格保护汉石桥湿地自然保护区等禁止开发区。表2.4 是大兴区与通州区、顺义区、昌平区、房山区这四个城市发展新区的人口数量比较情况:

表 2.4　大兴区与城市发展新区的人口数量比较（单位：万人）

年份	大兴		通州		顺义		昌平		房山	
	常住人口	外来人口	常住人口	外来人口	常住人口	外来人口	常住人口	外来人口	常住人口	外来人口
2010	136.5	64.4	118.4	43.5	87.7	27.9	166.1	84.7	94.5	19.5
2011	142.9	67.7	125.0	47.7	91.5	31.3	173.8	89.6	96.7	21.4

续表

年份	大兴		通州		顺义		昌平		房山	
	常住人口	外来人口	常住人口	外来人口	常住人口	外来人口	常住人口	外来人口	常住人口	外来人口
2012	147	71.4	129.1	50.7	95.3	34.5	183.0	95.7	98.6	22.8
2013	150.7	73.5	132.6	53.6	98.3	37.3	188.9	100.6	101.0	24.6
2014	154.5	75.6	135.6	55.5	100.4	38.9	190.8	100.2	103.6	26.7
2015	156.2	76.1	137.8	55.9	102.0	40.2	196.3	102.6	104.6	27.4

数据来源：《北京统计年鉴 2011 年至 2016 年》

表 2.4 显示，常住外来人口在城市发展新区的总量较大，且占该区域常住人口的比例相对较高，大约平均每 2.4 个常住人口中就有 1 个是外来人口。究其原因，是因为该区域属于近郊，且有大片地区属于城乡结合部，就业岗位相对较多，生活成本相对较低，所以许多外来人口选择在此区域工作、生活和居住。其中，昌平区是全市唯一的人口倒挂区，外来人口数量超过户籍人口。正因如此，该区域外来人口犯罪形势同样比较严峻。大兴区亦属城市发展新区，但与其他四个区不同的是，在京津冀一体化的战略背景下，大兴区有一定的地理位置优势，既是三地协作的桥头堡，还承载着疏散城市中心区产业与人口的重要功能。同时，已经开工并预计在 2019 年建成投入使用的北京第二机场项目，或将导致大兴区的人口规模进一步膨胀。如果该区的治安力量跟不上外来人口急剧增长的形势，很可能会导致该区治安形势恶化。因此，选择大兴区作为研究样本是必要的。

综上所述，通过将大兴区与全市各区作对比分析，可以初步得出结论，选择大兴区作为研究样本，以此勾勒出北京市的流动人口犯罪态势，在一定程度上既是合理的，也是可行的。

二、大兴区流动人口犯罪的基本状况

2006 年末，大兴区常住人口为 91.9 万人，其中，户籍人口为 63.5 万人，占常住人口的 69.1%，外来人口为 28.4 万人，占常住人口的 30.9%。[1]2008 年末，大兴区常住人口为 109.7 万人，其中，户籍人口为 64.2 万人，占常住人口的 58.5%，外来人口为 45.5 万人，占常住人口的 41.5%。[2]2011 年，北京市第二机场建设被写入了大兴区的"十二五"规划中。[3]2015 年末，大兴区常住人口为 156.2 万人，其中，户籍人口为 80.1 万人，占常住人口的 51.3%，外来人口为 76.1 万人，占常住人口的 48.7%。[4]在被定位为城市发展新区的九年时间里，大兴区的常住外来人口数量增加了近 1.68 倍共计 47.7 万人，年均增加 5.3 万人。伴随着外来人口的飞速增长，大兴区的流动人口犯罪问题越来越严峻。下文将以 2009 年至 2013 年大兴区检察院办理"审查起诉"案件的数据为样本，[5]分析大兴区流动人口犯罪的现状、结构特征和发展

---

〔1〕 北京市统计局、国家统计局北京调查总队：《北京统计年鉴 2007》，北京统计信息网，http://www.bjstats.gov.cn/nj/main/2007/content/mV8_0308.htm，访问日期：2015 年 12 月 15 日。

〔2〕 北京市统计局、国家统计局北京调查总队：《北京统计年鉴 2009》，北京统计信息网，http://www.bjstats.gov.cn/nj/main/2009-tjnj/index.htm，访问日期：2015 年 12 月 15 日。

〔3〕 大兴区第三届人民代表大会第六次会议：《北京市大兴区国民经济和社会发展第十二个五年规划纲要》，北京市大兴区发展和改革委员会网，http://dxfg.bjdx.gov.cn/web/fgw/fzgh/sewgh/340877.htm，访问日期：2015 年 12 月 15 日。

〔4〕 北京市统计局、国家统计局北京调查总队：《北京统计年鉴 2015》，北京统计信息网，http://www.bjstats.gov.cn/nj/main/2015-tjnj/zk/indexch.htm，访问日期：2016 年 6 月 20 日。

〔5〕 以下关于流动人口犯罪案件的数据来源于北京市大兴区人民检察院，特此感谢！需要注意的是，北京市统计部门在统计年鉴中使用的是"外来人口"概念，即不具有本市户籍户口，来自北京市行政区划以外的省、自治区、直辖市，且在京居住半年

趋势。下面先来看一下全区范围内户籍人口和流动人口的基本涉案情况。表 2.5 是大兴区户籍人口和流动人口的涉案人数和比例情况：

表2.5 "审查起诉"案件中的户籍人口、流动人口涉案人数和比例（单位：人）

年份	总涉案人数	户籍人口		流动人口	
		涉案人数	涉案比例	涉案人数	涉案比例
2009	1629	462	28.4%	1167	71.6%
2010	1939	590	30.4%	1349	69.6%
2011	1653	420	25.4%	1233	74.6%
2012	1659	452	27.2%	1207	72.8%
2013	1708	467	27.3%	1241	72.7%

表 2.5 显示，2009 年，全区"审查起诉"的刑事案件总涉案人数为 1629 人，流动人口涉案人数为 1167 人，其占全部涉案人数的 71.6%；2010 年，全区刑事案件总涉案人数为 1939 人，流动人口涉案人数为 1349 人，其占全部涉案人数的 69.6%；2011 年，全区刑事案件总涉案人数为 1653 人，流动人口涉案人数为 1233 人，其占全部涉案人数的 74.6%；2012 年，全区刑事案件总涉案人数为 1708 人，流动人口涉案人数为 1207 人，其占全部涉案人数的 72.8%；2013 年，全区刑事案件总涉案人数为 1659 人，流动人口涉案人数为 1241 人，其占全部涉案人数的 72.7%。2009 年至 2013 年的五年时间里，北京市大兴区人民检察院办理刑事案件涉及犯

（接上页）以上的人口。而北京市司法机关在统计数据中使用的是"流动人口"概念，既包括北京市统计部门数据中的外来人口，也包括暂住人口等。总之，"外来人口"和"流动人口"的内涵和外延并不相同，但从收集到的流动人口犯罪样本来看，外来人口是北京市流动人口犯罪的绝对主体（具体请参见本文的"导论部分"）。

罪总人数为 8588 人，其中流动人口涉案人数为 6197 人，流动人口
涉案人数占全部涉案总数的 72.2%。分别从每年来看，流动人口
涉案人数稳定在 1200 人左右，其占全部涉案总数的比例也在 70%
上下小幅度浮动。可见，近年来大兴区流动人口犯罪总数及其比
例长期处于高位运行，且有走向平稳的趋势。

三、大兴区流动人口犯罪的结构特征

下文将以 2009 年至 2013 年北京市大兴区人民检察院办理"审
查起诉"刑事案件的数据为样本，分析流动人口犯罪的主体方面
特征与行为方面特征。

1. 大兴区流动人口犯罪的主体方面特征。下面将从大兴区流
动人口涉案人员的年龄结构、文化程度和职业身份三个方面分析
流动人口犯罪的主体方面特征。

第一，年龄结构。全样本范围内流动人口涉案人员的年龄结
构及所占比例情况，具体如表 2.6 所示：

表 2.6　流动人口涉案人员年龄结构和比例（单位：人）

| 年份 | 14~17 岁 | | 18~25 岁 | | 26~45 岁 | | 46~59 岁 | | 60 岁以上 | |
	人数	比例	人数	比例	人数	比例	人数	比例	人数	比例
2009	85	7.3%	461	39.5%	566	48.5%	54	4.6%	1	0.1%
2010	93	6.9%	558	41.4%	633	46.9%	62	4.6%	3	0.2%
2011	45	3.6%	449	36.4%	665	53.9%	71	5.8%	3	0.3%
2012	54	4.5%	450	37.3%	634	52.5%	68	5.6%	1	0.1%
2013	40	3.2%	403	32.5%	685	55.2%	103	8.3%	10	0.8%

表 2.6 显示，2009 年，全区"审查起诉"的刑事案件中流动
人口涉案人数为 1167 人，其中 14 岁以上不满 18 岁年龄段（未成

年）有 85 人，占流动人口涉案总人数的 7.3%；18 岁以上不满 45 岁年龄段（青壮年）有 1027 人，占流动人口涉案总人数的 88%；45 岁以上年龄段（中老年）有 55 人，占流动人口涉案总人数的 4.7%。2010 年，全区流动人口涉案人数为 1349 人，其中 14 岁以上不满 18 岁年龄段（未成年）有 93 人，占流动人口涉案总人数的 6.9%；18 岁以上不满 45 岁年龄段（青壮年）有 1191 人，占流动人口涉案总人数的 88.3%；45 岁以上年龄段（中老年）有 65 人，占流动人口涉案总人数的 4.8%。2011 年，全区流动人口涉案人数为 1233 人，其中 14 岁以上不满 18 岁年龄段（未成年）有 45 人，占流动人口涉案总人数的 3.6%；18 岁以上不满 45 岁年龄段（青壮年）有 1114 人，占流动人口涉案总人数的 90.3%；45 岁以上年龄段（中老年）有 74 人，占流动人口涉案总人数的 6.1%。2012 年，全区流动人口涉案人数为 1207 人，其中 14 岁以上不满 18 岁年龄段（未成年）有 54 人，占流动人口涉案总人数的 4.5%；18 岁以上不满 45 岁年龄段（青壮年）有 1084 人，占流动人口涉案总人数的 89.8%；45 岁以上年龄段（中老年）有 69 人，占流动人口涉案总人数的 5.7%。2013 年，全区流动人口涉案人数为 1241 人，其中 14 岁以上不满 18 岁年龄段（未成年）有 40 人，占流动人口涉案总人数的 3.2%；18 岁以上不满 45 岁年龄段（青壮年）有 1088 人，占流动人口涉案总人数的 87.7%；45 岁以上年龄段（中老年）有 113 人，占流动人口涉案总人数的 9.1%。综上所述，从年龄结构上看，样本范围内的 6197 名流动人口涉案人员主要集中在 18 岁至 45 岁的年龄段，即以青年和壮年人员为主，占全部流动人口涉案总数的 88.8%。

　　第二，文化程度。全样本范围内流动人口涉案人员文化程度及所占比例情况，如表 2.7 所示：

表2.7　流动人口涉案人员文化程度和比例（单位：人）

年份	文盲		小学		初中		高中		大专及以上	
	人数	比例	人数	比例	人数	比例	人数	比例	人数	比例
2009	31	2.7%	330	28.3%	639	54.7%	126	10.8%	41	3.5%
2010	28	2.1%	315	23.4%	811	60.1%	126	9.3%	68	5.1%
2011	34	2.8%	323	26.2%	656	53.2%	163	13.2%	56	4.6%
2012	34	2.8%	271	22.5%	696	57.6%	145	12.0%	61	5.1%
2013	29	2.3%	325	26.2%	647	52.2%	170	13.7%	70	5.6%

　　表2.7显示，2009年，全区"审查起诉"的刑事案件中流动人口涉案人数为1167人，其中文盲有31人，占流动人口涉案总人数的2.7%；小学有330人，占流动人口涉案总人数的28.3%；初中有639人，占流动人口涉案总人数的54.7%；高中有126人，占流动人口涉案总人数的10.8%；大专及以上有41人，占流动人口涉案总人数的3.5%。2010年，全区流动人口涉案人数为1349人，其中文盲有28人，占流动人口涉案总人数的2.1%；小学有315人，占流动人口涉案总人数的23.4%；初中有811人，占流动人口涉案总人数的60.1%；高中有126人，占流动人口涉案总人数的9.3%；大专及以上有68人，占流动人口涉案总人数的5.1%。2011年，全区流动人口涉案人数为1233人，其中文盲有34人，占流动人口涉案总人数的2.8%；小学有323人，占流动人口涉案总人数的26.2%；初中有656人，占流动人口涉案总人数的53.2%；高中有163人，占流动人口涉案总人数的13.2%；大专及以上有56人，占流动人口涉案总人数的4.6%。2012年，全区流动人口涉案人数为1207人，其中文盲有34人，占流动人口涉案总人数的2.8%；小学有271人，占流动人口涉案总人数的22.5%；初中有696人，占流动人口涉案总人数的57.6%；高中有145人，

占流动人口涉案总人数的 12%；大专及以上有 61 人，占流动人口涉案总人数的 5.1%。2013 年，全区流动人口涉案人数为 1243 人，其中文盲有 29 人，占流动人口涉案总人数的 2.3%；小学有 325 人，占流动人口涉案总人数的 26.2%；初中有 647 人，占流动人口涉案总人数的 52.2%；高中有 170 人，占流动人口涉案总人数的 13.7%；大专及以上有 70 人，占流动人口涉案总人数的 5.6%。综上所述，从文化程度上看，样本范围内的 6197 名流动人口涉案人员的文化素质普遍偏低，具有高中以下（包括高中）文化程度的流动人口涉案人员，占全部流动人口涉案总数的 95.2%。

第三，职业身份。全样本范围内流动人口涉案人员职业身份及所占比例情况，如表 2.8 所示：

表 2.8　流动人口涉案人员职业身份和比例（单位：人）

年份	学生		个体		农民		工人		无业		其他	
	人数	比例	人数	比例	人数	比例	人数	比例	人数	比例	人数	比例
2009	7	0.6%	72	6.2%	708	60.7%	10	0.9%	246	21.0%	124	10.6%
2010	8	0.6%	125	9.3%	792	58.7%	24	1.8%	212	15.7%	188	13.9%
2011	14	1.2%	88	7.1%	777	63.0%	43	3.5%	179	14.5%	132	10.7%
2012	7	0.6%	45	3.7%	979	81.1%	9	0.7%	102	8.5%	65	5.4%
2013	13	1.0%	31	2.5%	866	69.8%	28	2.3%	196	15.8%	107	8.6%

表 2.8 显示，2009 年，全区"审查起诉"的刑事案件中流动人口涉案人数为 1167 人，其中学生有 7 人，占流动人口涉案总人数的 0.6%；工人有 10 人，占流动人口涉案总人数的 0.9%；农民有 708 人，占流动人口涉案总人数的 60.7%；个体有 72 人，占流动人口涉案总人数的 6.2%；无业有 246 人，占流动人口涉案总人数的 21%；其他有 124 人，占流动人口涉案总人数的 10.6%。

2010 年，全区流动人口涉案人数为 1349 人，其中学生有 8 人，占流动人口涉案总人数的 0.6%；工人有 24 人，占流动人口涉案总人数的 1.8%；农民有 792 人，占流动人口涉案总人数的 58.7%；个体有 125 人，占流动人口涉案总人数 9.3%；无业有 212 人，占流动人口涉案总人数的 15.7%；其他有 188 人，占流动人口涉案总人数的 13.9%。2011 年，全区流动人口涉案人数为 1233 人，其中学生有 14 人，占流动人口涉案总人数的 1.2%；工人有 43 人，占流动人口涉案总人数的 3.5%；农民有 777 人，占流动人口涉案总人数的 63%；个体有 88 人，占流动人口涉案总人数的 7.1%；无业有 179 人，占流动人口涉案总人数的 14.5%；其他有 132 人，占流动人口涉案总人数的 10.7%。2012 年，全区流动人口涉案人数为 1207 人，其中学生有 7 人，占流动人口涉案总人数的 0.6%；工人有 9 人，占流动人口涉案总人数的 0.7%；农民有 979 人，占流动人口涉案总人数的 81.1%；个体有 45 人，占流动人口涉案总人数的 3.7%；无业有 102 人，占流动人口涉案总人数的 8.5%；其他有 65 人，占流动人口犯罪总人数的 5.4%。2013 年，全区流动人口涉案人数为 1241 人，其中学生有 13 人，占流动人口涉案总人数的 1%；工人有 28 人，占流动人口涉案总人数的 2.3%；农民有 866 人，占流动人口涉案总人数的 69.8%；个体有 31 人，占流动人口涉案总人数的 2.5%；无业有 196 人，占流动人口涉案总人数的 15.8%；其他有 107 人，占流动人口犯罪总人数的 8.6%。综上所述，从职业身份上看，样本范围内的 6197 名流动人口涉案人员主要由农民工构成，占全部流动人口涉案总数的 68.4%。

2. 大兴区流动人口犯罪的行为方面特征。下面将从大兴区流动人口涉案人员犯罪的类型、犯罪的组织形式和涉案人员的前科情况三个方面分析流动人口犯罪的行为方面特征。

第一，犯罪类型。全样本范围内流动人口涉案人员犯罪类型及所占比例情况，如表 2.9 所示：

表 2.9　流动人口涉案人员犯罪类型情况和比例（单位：人）

年份	危害公共安全犯罪		破坏市场经济秩序犯罪		侵犯人身民主权利犯罪		侵犯财产犯罪		妨害社会管理秩序犯罪		其他犯罪	
	人数	比例	人数	比例	人数	比例	人数	比例	人数	比例	人数	比例
2009	61	5.2%	108	9.3%	273	23.4%	446	38.2%	227	19.5%	52	4.4%
2010	79	5.9%	71	5.3%	354	26.2%	447	33.1%	394	29.2%	5	0.3%
2011	93	7.5%	80	6.5%	364	29.5%	380	30.8%	313	25.4%	3	0.3%
2012	115	9.5%	206	17.1%	293	24.3%	315	26.1%	275	22.8%	3	0.2%
2013	115	9.3%	177	14.3%	378	30.5%	314	25.2%	254	20.5%	3	0.2%

　　表 2.9 显示，2009 年，全区"审查起诉"的刑事案件中流动人口涉案人数为 1167 人，其中危害公共安全罪涉案人员有 61 人，占流动人口涉案总人数的 5.2%；破坏社会主义市场经济秩序罪涉案人员有 108 人，占流动人口涉案总人数的 9.3%；侵犯公民人身权利、民主权利罪涉案人员有 273 人，占流动人口涉案总人数的 23.4%；侵犯财产罪涉案人员有 446 人，占流动人口涉案总人数的 38.2%；妨害社会管理秩序罪涉案人员有 227 人，占流动人口涉案总人数的 19.5%；其他类型犯罪涉案人员有 52 人，占流动人口涉案总人数的 4.4%。2010 年，全区流动人口涉案人数为 1349 人，其中危害公共安全罪涉案人员有 79 人，占流动人口涉案总人数的 5.9%；破坏社会主义市场经济秩序罪涉案人员有 71 人，占流动人口涉案总人数的 5.3%；侵犯公民人身权利、民主权利罪涉案人员有 354 人，占流动人口涉案总人数的 26.2%；侵犯财产罪涉案人员有 447 人，占流动人口涉案总人数的 33.1%；妨害社会管理秩序罪涉案人员有 394 人，占流动人口涉案总人数的 29.2%；其他类型犯罪涉案人员有 5 人，占流动人口涉案总人数的 0.3%。2011

年，全区流动人口涉案人数为 1233 人，其中危害公共安全罪涉案人员有 93 人，占流动人口涉案总人数的 7.5%；破坏社会主义市场经济秩序罪涉案人员有 80 人，占流动人口涉案总人数的 6.5%；侵犯公民人身权利、民主权利罪涉案人员有 364 人，占流动人口涉案总人数的 29.5%；侵犯财产罪涉案人员有 380 人，占流动人口涉案总人数的 30.8%；妨害社会管理秩序罪涉案人员有 313 人，占流动人口涉案总人数的 25.4%；其他类型犯罪涉案人员有 3 人，占流动人口涉案总人数的 0.3%。2012 年，全区流动人口涉案人数为 1207 人，其中危害公共安全罪涉案人员有 115 人，占流动人口涉案总人数的 9.5%；破坏社会主义市场经济秩序罪涉案人员有 206 人，占流动人口涉案总人数的 17.1%；侵犯公民人身权利、民主权利罪涉案人员有 293 人，占流动人口涉案总人数的 24.3%；侵犯财产罪涉案人员有 315 人，占流动人口涉案总人数的 26.1%；妨害社会管理秩序罪涉案人员有 275 人，占流动人口涉案总人数的 22.8%；其他类型犯罪涉案人员有 3 人，占流动人口涉案总人数的 0.2%。2013 年，全区流动人口涉案人数为 1241 人，其中危害公共安全罪涉案人员有 115 人，占流动人口涉案总人数的 9.3%；破坏社会主义市场经济秩序罪涉案人员有 177 人，占流动人口涉案总人数的 14.3%；侵犯公民人身权利、民主权利罪涉案人员有 378 人，占流动人口涉案总人数的 30.5%；侵犯财产罪涉案人员有 314 人，占流动人口涉案总人数的 25.2%；妨害社会管理秩序罪涉案人员有 254 人，占流动人口涉案总人数的 20.5%；其他类型犯罪涉案人员有 3 人，占流动人口涉案总人数的 0.2%。综上所述，从犯罪的类型上看，样本范围内的 6197 名流动人口涉案人员中，涉及金钱和财物的涉案人员最多，共有 2544 人，占全部流动人口涉案总数的 41.1%。

　　第二，组织形式。全样本范围内流动人口涉案人员的犯罪组织形式及所占比例情况，如表 2.10 所示：

表 2.10　流动人口涉案人员犯罪组织形式和比例（单位：人）

年份	单独犯罪		共同犯罪	
	人数	比例	人数	比例
2009	692	59.3%	475	40.7%
2010	815	60.4%	534	39.6%
2011	769	62.4%	464	37.6%
2012	802	66.4%	405	35.6%
2013	874	70.4%	367	29.6%

　　表 2.10 显示，2009 年，全区"审查起诉"的刑事案件中流动人口涉案人数为 1167 人，其中单独犯罪涉案人员有 692 人，占流动人口涉案总人数的 59.3%；共同犯罪涉案人员有 475 人，占流动人口涉案总人数的 40.7%。2010 年，全区流动人口涉案人数为 1349 人，其中单独犯罪涉案人员有 815 人，占流动人口涉案总人数的 60.4%；共同犯罪涉案人员有 534 人，占流动人口涉案总人数的 39.6%。2011 年，全区流动人口涉案人数为 1233 人，其中单独犯罪涉案人员有 769 人，占流动人口涉案总人数的 62.4%；共同犯罪涉案人员有 464 人，占流动人口涉案总人数的 37.6%。2012 年，全区流动人口涉案人数为 1207 人，其中单独犯罪涉案人员有 802 人，占流动人口涉案总人数的 66.4%；共同犯罪涉案人员有 405 人，占流动人口涉案总人数的 35.6%。2013 年，全区流动人口涉案人数为 1241 人，其中单独犯罪涉案人员有 874 人，占流动人口涉案总人数的 70.4%；共同犯罪涉案人员有 367 人，占流动人口涉案总人数的 29.6%。综上所述，从犯罪的组织形式上看，样本范围内的 6197 名流动人口涉案人员中，构成共同犯罪的涉案

人员较多，共有 2245 人，占全部流动人口涉案总数的 36.2%。

第三，前科情况。全样本范围内流动人口涉案人员的前科状况及所占比例情况，如表 2.11 所示：

表 2.11　流动人口涉案人员犯罪前科情况和比例（单位：人）

年份	无前科		有前科	
	人数	比例	人数	比例
2009	1103	94.5%	64	5.5%
2010	1296	96.1%	53	3.9%
2011	1196	96.9%	38	3.1%
2012	1153	95.5%	54	4.5%
2013	1139	91.8%	102	8.2%

表 2.11 显示，2009 年，全区"审查起诉"的刑事案件中流动人口涉案人数为 1167 人，其中初次涉案人员有 1103 人，占流动人口涉案总人数的 94.5%；有前科涉案人员有 64 人，占流动人口涉案总人数的 5.5%。2010 年，全区流动人口涉案人数为 1349 人，其中初次涉案人员有 1296 人，占流动人口涉案总人数的 96.1%；有前科涉案人员有 53 人，占流动人口涉案总人数的 3.9%。2011 年，全区流动人口涉案人数为 1233 人，其中初次涉案人员有 1196 人，占流动人口涉案总人数的 96.9%；有前科涉案人员有 38 人，占流动人口涉案总人数的 3.1%。2012 年，全区流动人口涉案人数为 1207 人，其中初次涉案人员有 1153 人，占流动人口涉案总人数的 95.5%；有前科涉案人员有 54 人，占流动人口涉案总人数的 4.5%。2013 年，全区流动人口涉案人数为 1241 人，其中初次涉案人员有 1139 人，占流动人口涉案总人数的 91.8%；有前科涉案人员有 102 人，占流动人口涉案总人数的 8.2%。综上所述，从犯

罪的前科情况上看，样本范围内的 6197 名流动人口涉案人员中，有犯罪前科的涉案人员不少，共有 311 人，占全部流动人口涉案总数的 5.0%。

第二节　以北京市法院的刑事判决书为样本的分析

一、抽取案例作为研究样本的科学性

有研究表明，"有关样本大小的一项原则是，总体越小，要得到精确样本（也就是说，有较高概率得出与整个总体相同结果的样本），抽样比就要越大。较大的总体能够使较小的抽样比得出同样好的样本。这是因为随着总体人数的增长，样本大小对精确性的回报随之递减。对于小总体（小于 1000），研究者需要比较大的抽样比（大约 30%）。例如，为了要有较高的精确性，样本大小大约需要有 300 个。对于中等大小的总体（10 000）而言，要达到同样的正确性，较小的抽样比（大约 10%），或大约 1000 个的样本大小，就可以了。就大总体（超过 150 000）而言，小额抽样比（1%）就可以了，大约 1500 个的样本就可以得到很正确的结果。"[1]

为了补充、印证大兴区流动人口犯罪的统计数据，以确保研究的科学性，本研究从北京市法院抽取了大量的刑事判决书作为研究样本，具体而言：其一，样本数量的科学性分析。本研究从北京市法院的裁判文书系统里共计抽取到了 1500 份左右的刑事判决书，剔除重复、数据缺失的判决书，最终共确定 1302 份判决书

---

〔1〕〔美〕劳伦斯·纽曼：《社会研究方法：定性和定量的取向》，郝大海译，中国人民大学出版社 2007 年版，第 293 页。

作为研究样本。随后，本研究从这些样本文书中提取了 1688 名犯罪人，在去掉 1 名港澳台地区的犯罪人和 20 名外国犯罪人之后，最终确定了 1667 名犯罪人作为研究样本，并一一编号。可见，虽然样本数量有限，但也基本符合抽样的数量要求。其二，抽样方法的科学性分析。受人财物所限，本研究抽取样本的方法是根据前人的经验，从北京市法院的裁判文书系统里随机抽取判决时间在 2013 年至 2015 年间的判决书。采取这种方式确定研究样本，优势之处在于：这些样本在一定程度上能够代表北京全市范围内的流动人口犯罪情况，也能够反映出近年来北京市流动人口犯罪的发展态势。

需要说明的是，受流动人口犯罪数据的限制，本研究难免有一定的局限性。其一，受人财物所限，本研究抽取到的样本数量相对较少，且这些样本在各年度的数量分布并不均衡，因此在统计分析时也就不宜再根据年度的不同加以细分，而只能作为一个整体（即"近期的数据"）来看待。其二，严格来讲，本研究抽取样本的方法并不是统计学意义上的随机抽样，只能称为方便样本。随机抽样，要求所有的样本被抽样的概率完全一致，即首先对全部样本进行编号，然后进行随机抽取，这对本研究来讲显然是无法完成的任务。因此，这些有限的样本是否能够代表北京市流动人口犯罪的总体状况，仍有待进一步检验。当然，本研究即使有一定的局限性，所得结论也具有相对价值，对北京市流动人口犯罪的治理也具有重要的参考意义。

二、北京市流动人口犯罪的基本状况

北京市统计部门的数据显示，"十二五"时期，北京常住人口呈现出由较快增长向缓慢增长过渡的趋势，特别是随着非首都功能疏解各项措施的推进，常住外来人口增速也明显放缓，从 2011

年高于常住人口增速 2.5 个百分点降至 2015 年低于常住人口增速 0.4 个百分点。[1]近年来,尽管北京市的流动人口增速明显放缓,但由于基数太大,流动人口的总量却在持续增加。伴随着流动人口的持续增长,北京市的流动人口犯罪问题也越来越突出。下面先来看一下全样本范围内户籍人口和流动人口犯罪的基本情况,具体如表 2.12 所示:

表 2.12　户籍人口、流动人口犯罪人数和比例(单位:人)

犯罪人	人数	比例
户籍人口犯罪人	473	28.4%
流动人口犯罪人	1194	71.6%
合计	1667	100%

表 2.12 显示,全样本范围内共有犯罪人 1667 人(不包括港澳台地区犯罪人和外国犯罪人)。其中,户籍人口犯罪人数为 473 人,占全部犯罪人数的 28.4%;流动人口犯罪人数为 1194 人,占全部犯罪人数的 71.6%。简言之,从样本来看,流动人口犯罪占全市犯罪的七成以上。

三、北京市流动人口犯罪的结构特征

下文将以随机抽取的案例为研究样本,分析北京市流动人口犯罪的主体方面特征与行为方面特征。

1. 北京市流动人口犯罪的主体方面特征。下面将从北京市流动人口犯罪人员的年龄结构、文化程度和职业身份三个方面分析流动人口犯罪的主体方面特征。

---

〔1〕　北京市统计局、国家统计局北京调查总队:"北京常住人口增速降至 0.9%",载《新京报》2016 年 1 月 20 日第 A12 版。

第一，年龄结构。全样本范围内流动人口犯罪人员的年龄结构及所占比例情况，具体如表 2.13 所示：

表 2.13　流动人口犯罪人员年龄结构和比例（单位：人）

年龄	犯罪人数	犯罪比例
14~17 岁	10	0.8%
18~25 岁	304	25.5%
26~45 岁	727	60.9%
46~59 岁	140	11.7%
60 岁以上	13	1.1%
合计	1194	100%

表 2.13 显示，全样本范围内共有流动人口犯罪人 1194 人。其中，14 岁以上不满 18 岁年龄段（未成年）有 10 人，占流动人口犯罪总人数的 0.8%；18 岁以上不满 45 岁年龄段（青壮年）有 1031 人，占流动人口犯罪总人数的 86.4%；45 岁以上年龄段（中老年）有 153 人，占流动人口犯罪总人数的 12.8%。简言之，从年龄结构上看，样本范围内的流动人口犯罪人员主要集中在 18 岁至 45 岁的年龄段，即以青年和壮年人员为主，占全部流动人口犯罪总人数八成以上、靠近九成。

第二，文化程度。全样本范围内流动人口犯罪人员文化程度及所占比例情况，如表 2.14 所示：

表 2.14　流动人口犯罪人员文化程度和比例（单位：人）

文化程度	人数	比例
文盲	68	5.7%
小学	324	27.1%

续表

文化程度	人数	比例
初中	509	42.6%
高中	156	13.1%
大学	123	10.3%
研究生	14	1.2%
合计	1194	100%

表 2.14 显示，全样本范围内共有流动人口犯罪人 1194 人。其中，文盲有 68 人，占流动人口犯罪总人数的 5.7%；小学有 324 人，占流动人口犯罪总人数的 27.1%；初中有 509 人，占流动人口犯罪总人数的 42.6%；高中有 156 人，占流动人口犯罪总人数的 13.1%；大学有 123 人，占流动人口犯罪总人数的 10.3%；研究生有 14 人，占流动人口犯罪总人数的 1.2%。简言之，从文化程度上看，样本范围内的流动人口犯罪人员的文化素质普遍偏低，具有高中以下（包括高中）文化程度的流动人口犯罪人员，占全部流动人口犯罪总人数近九成。

第三，职业身份。全样本范围内流动人口涉案人员职业身份及所占比例情况，如表 2.15 所示：

表 2.15 流动人口犯罪人员职业身份和比例（单位：人）

职业身份	人数	比例
学生	9	0.8%
个体	17	1.4%
农民	713	59.7%
工人	71	5.9%

职业身份	人数	比例
无业	284	23.8%
其他	100	8.4%
合计	1194	100%

表 2.15 显示，全样本范围内共有流动人口犯罪人 1194 人。其中，学生有 9 人，占流动人口犯罪总人数的 0.8%；个体有 17 人，占流动人口犯罪总人数的 1.4%；农民有 713 人，占流动人口犯罪总人数的 59.7%；工人有 71 人，占流动人口犯罪总人数的 5.9%；无业有 284 人，占流动人口犯罪总人数的 23.8%；其他有 100 人，占流动人口犯罪总人数的 8.4%。简言之，从职业身份上看，样本范围内的流动人口犯罪人员主要由农民工构成，占全部流动人口犯罪总人数六成以上。

2. 北京市流动人口犯罪的行为方面特征。下面将从北京市流动人口犯罪人员犯罪的类型、犯罪的组织形式和犯罪人员的前科情况三个方面分析流动人口犯罪的行为方面特征。

第一，犯罪类型。全样本范围内流动人口犯罪人员犯罪类型及所占比例情况，如表 2.16 所示：

表 2.16　流动人口犯罪人员犯罪类型情况和比例（单位：人）

犯罪类型	人数	比例
危害公共安全犯罪	89	7.5%
破坏市场经济秩序犯罪	140	11.7%
侵犯人身民主权利犯罪	255	21.4%
侵犯财产犯罪	446	37.3%

犯罪类型	人数	比例
妨害社会管理秩序犯罪	243	20.4%
其他犯罪	21	1.7%
合计	1194	100%

表 2.16 显示，全样本范围内共有流动人口犯罪人 1194 人。其中，危害公共安全罪有 89 人，占流动人口犯罪总人数的 7.5%；破坏社会主义市场经济秩序罪有 140 人，占流动人口犯罪总人数的 11.7%；侵犯公民人身权利、民主权利罪有 255 人，占流动人口犯罪总人数的 21.4%；侵犯财产罪有 446 人，占流动人口犯罪总人数的 37.3%；妨害社会管理秩序罪有 243 人，占流动人口犯罪总人数的 20.4%；其他类型犯罪有 21 人，占流动人口犯罪总人数的 1.7%。简言之，从犯罪类型上看，样本范围内的流动人口犯罪涉及金钱和财物的最多，占全部流动人口犯罪总人数的一半。

第二，组织形式。全样本范围内流动人口犯罪人员的犯罪组织形式及所占比例情况，如表 2.17 所示：

表 2.17　流动人口犯罪人员犯罪组织形式和比例（单位：人）

犯罪组织形式	人数	比例
单独犯罪	714	59.8%
共同犯罪	480	40.2%
合计	1194	100%

表 2.17 显示，全样本范围内共有流动人口犯罪人 1194 人。其中，单独犯罪的有 714 人，占流动人口犯罪总人数的 59.8%；共同犯罪的有 480 人，占流动人口犯罪总人数的 40.2%。简言之，

从犯罪组织形式上看，样本范围内的流动人口犯罪人员构成共同犯罪的较多，占全部流动人口犯罪总人数的四成。

第三，前科情况。全样本范围内流动人口犯罪人员的前科情况及所占比例情况，如表2.18所示：

表2.18　流动人口犯罪人员犯罪前科情况和比例（单位：人）

犯罪前科	人数	比例
初犯	919	77.0%
前科	275	23.0%
合计	1194	100%

表2.18显示，全样本范围内共有流动人口犯罪人1194人。其中，初次犯罪的有919人，占流动人口犯罪总人数的77.0%；有犯罪前科的有275人，占流动人口犯罪总人数的23.0%。简言之，从犯罪人员的前科情况上看，样本范围内的流动人口犯罪人员有犯罪前科的较多，占全部流动人口犯罪总人数两成以上。

第三节　小结：北京市流动人口犯罪发展趋势预测

在我国经济社会转型时期，地区间经济发展不平衡的状况在一段时间内仍将存在，影响人口流动的各类因素在短时间内也不可能消失，由此可以预见：会有越来越多的人走出家门、涌入城市，去追求自己心中那执着的城市梦。所以，在经济较为发达的城市，如不采取相应的防控措施，流动人口犯罪问题将会愈演愈烈。为了研究北京市的流动人口犯罪问题，前文在对大兴区的流动人口犯罪数据进行分析后，又对随机抽取的大量刑事判决书进行了分析。从上文的分析结果可以预测，在未来一段时间，北京市的流动人口犯罪总数及所占比例仍将处于高位运行，而且在结构特征上可能会有一些新的变化趋势，需要未雨绸缪，加强防控。具体而言：

一、北京市流动人口犯罪的主体结构趋于复杂化

1. 以北京市大兴区的统计数据为样本的分析。2009 年至 2013 年五年时间里，大兴区范围内的 6197 名流动人口涉案人员中，有 5504 名集中在 18 岁至 45 岁的年龄段，即以青年和壮年人员为主，占全部流动人口涉案总数的 88.8％；而且，这些流动人口涉案人员的文化素质普遍偏低，具有高中以下（包括高中）文化程度的流动人口涉案人员，占全部流动人口涉案总数的 95.2％。但是，从样本来看，中老年和大专及以上文化程度的流动人口涉案人员的数量与比例增长趋势明显。2009 年，45 岁以上的流动人口涉案人员仅有 55 人，占当年全部流动人口涉案总数的 4.7％；2013 年，45 岁以上的流动人口涉案人员达到 113 人，占当年全部流动人口涉案总数的 9.1％。2009 年，大专及以上文化程度的流动人口涉案人员仅有 41 人，占当年全部流动人口涉案总数的 3.5％；2013 年，大专及以上文化程度的流动人口涉案人员达到 70 人，占当年全部流动人口涉案总数的 5.6％。

2. 以北京市法院的刑事判决书为样本的分析。全样本范围内的 1194 名流动人口犯罪人员中，有 1031 名集中在 18 岁至 45 岁的年龄段，即以青年和壮年人员为主，占全部流动人口犯罪总人数的 86.4％；而且，这些流动人口犯罪人员的文化素质普遍偏低，具有高中以下（含高中）文化程度的流动人口犯罪人员，占全部流动人口犯罪总人数的 88.5％。但是，从样本来看，中老年和大学及以上文化程度的流动人口犯罪人员的数量与比例也不低。45

岁以上的流动人口犯罪人员有 153 人，占流动人口犯罪总人数的 12.8%；大学及以上文化程度的流动人口犯罪人员有 137 人（其中包括研究生文凭计 14 人），占流动人口犯罪总人数的 11.5%；研究生有 14 人，占流动人口犯罪总人数的 1.2%。

3. 比较分析结果。通过分析、比较稍显陈旧的大兴区犯罪统计数据和相对较新的北京市抽样调查数据，可做如下预测：虽然目前处于青壮年期的农民工仍是北京市流动人口犯罪人员的主要组成部分（超过六成），但流动人口犯罪主体结构的复杂化趋势非常明显，高层次、高学历、高智商甚至是高年龄的流动人口犯罪人员的数量及所占的比例不断增加，这在客观上给流动人口犯罪的防控工作增加了难度。

二、北京市流动人口犯罪的具体类型趋于分散化

1. 以北京市大兴区的统计数据为样本的分析。2009 年至 2013 年五年时间里，大兴区范围内的 6197 名流动人口涉案人员中，有 2544 名涉及与金钱和财物相关的犯罪，占全部流动人口涉案总数的 41.1%。但是，从样本来看，与以往流动人口犯罪多以侵犯财产罪为主不同，近年来侵财类犯罪的数量和所占比例均呈明显下降趋势。2009 年，涉及侵犯财产罪的流动人口涉案人员有 446 人，占当年全部流动人口涉案总数的 38.2%；2013 年，涉及侵犯财产罪的流动人口涉案人员降至 314 人，占当年全部流动人口涉案总数的 25.2%。与之不同的是，危害公共安全罪和侵犯公民人身权利、民主权利罪增长趋势明显。2009 年，涉及这两类犯罪的流动人口涉案人员有 334 人，占当年全部流动人口涉案总数的 28.6%；2013 年，涉及这两类犯罪的流动人口涉案人员升至 493 人，占当年全部流动人口涉案总数的 39.8%。

2. 以北京市法院的刑事判决书为样本的分析。全样本范围内的 1194 名流动人口犯罪人员中，有 586 名涉及与金钱和财物相关的犯罪，占全部流动人口犯罪总人数的 49.0%。但是，从样本来看，犯侵犯公民人身权利、民主权利罪和妨害社会管理秩序罪的流动人口犯罪人员的数量与比例也不低。侵犯公民人身权利、民主权利罪有 255 人，占流动人口犯罪总人数的 21.4%；妨害社会管理秩序罪有 243 人，占流动人口犯罪总人数的 20.4%。

3. 比较分析结果。通过分析、比较稍显陈旧的大兴区犯罪统计数据和相对较新的北京市抽样调查数据，可做如下预测：虽然目前侵财类犯罪仍是北京市流动人口犯罪的主要类型（超过四成），但北京市流动人口犯罪类型分散化和多元化趋势非常明显，危害公共安全罪、侵犯公民人身权利、民主权利罪和妨害社会管理秩序罪大有迎头赶上侵财类犯罪之势，这在客观上给流动人口犯罪的防控工作增加了难度。

三、北京市流动人口犯罪的组织形式趋于职业化

1. 以北京市大兴区的统计数据为样本的分析。2009 年至 2013 年五年时间里，大兴区范围内的 6197 名流动人口涉案人员中，有 2245 名涉及共同犯罪，占全部流动人口涉案总数的 36.2%。但是，从样本来看，与以往流动人口共同犯罪明显增加的趋势不同，近年来流动人口共同犯罪涉案人员的数量和所占比例均呈明显下降趋势。2009 年，流动人口共同犯罪涉案人员有 475 人，占当年全部流动人口涉案总数的 40.7%；2013 年，流动人口共同犯罪涉案人员降至 367 人，占当年全部流动人口涉案总数的 29.6%。

2. 以北京市法院的刑事判决书为样本的分析。全样本范围内的 1194 名流动人口犯罪人员中，有 480 名涉及共同犯罪，占全部流动人口犯罪总人数的 40.2%。另外，从具体案例来看，流动人口犯罪的职业化、分工化、隐秘化倾向越发突出。一些流动人员

以亲属、同学或老乡关系为纽带，组成分工明确、结构稳定的犯罪团伙，长期从事特定的犯罪活动。例如，笔者对一位曾犯销售伪劣产品罪的流动人员进行了深度访谈。据其所讲，他们家和一些亲戚差不多已举家迁入北京，早已成为事实上的"北京人"。他们赖以谋生的手段主要是销售假冒伪劣烟酒，在包装、运输、销售等环节各有专人负责。笔者问道，你已经因此被抓过了，现在和以后怎么办，会不会离开北京？他笑着道，"我对这行太熟啦"。

3. 比较分析结果。通过分析、比较稍显陈旧的大兴区犯罪统计数据和相对较新的北京市抽样调查数据，可做如下预测：虽然目前单独犯罪仍是北京市流动人口犯罪的主要类型，但北京市流动人口犯罪中共犯情形较多（三到四成），且职业化趋势非常明显，有犯罪前科的也不在少数，这在客观上给流动人口犯罪的防控工作增加了难度。

第三章

北京市流动人口犯罪的发生机制

通过上文的分析，已经明确了当前北京市流动人口犯罪问题的严重性。因此，如何有效治理愈演愈烈的流动人口犯罪，已经成为北京市不得不面对的一项重要难题。而要寻求该难题的解决之道，就要首先分析北京市流动人口犯罪的致罪因素和发生机制。犯罪不会凭空而生，犯罪的发生是各种致罪因素协同作用的结果。德国著名刑法学和犯罪学大师李斯特曾把致罪因素分为社会因素和个人因素两大类，认为犯罪是社会与个人的产物，即"犯罪系由环绕犯人的社会关系及犯人固有性格所必然成立者"。[1]我国也有学者提出，为保证研究的客观性，要"转换视角开展流动人口犯罪研究"，"在方法论上坚持'价值无涉'的原

---

[1] 马克昌主编：《近代西方刑法学说史略》，中国检察出版社1996年版，第185页。

则，……揭示犯罪的社会原因与个人原因"。[1]本研究拟借鉴上述观点，围绕社会因素和个人因素，分析北京市流动人口犯罪的致罪因素，探寻北京市流动人口犯罪的发生机制。

第一节 北京市流动人口犯罪高发的社会因素
——社会控制弱化

前文已述，社会控制论试图用社会控制的强弱来解释犯罪等越轨行为的发生。尽管社会控制论有其自身的局限，也遭受了不少的批判，但该理论对于理解特定社会背景下犯罪的社会致罪因素还是有较为重要的参考价值。下文即从社会控制论的角度看一下社会控制的强弱对犯罪形势的影响。

一、社会控制与犯罪形势

1. 社会控制的概念。19世纪末20世纪初，美国社会快速的工业化和城市化导致了大规模移民浪潮的出现，进而引发了社会秩序的混乱，越轨等异常行为频繁发生。面对新的社会风险，美国社会学家罗斯提出了社会控制的概念，认为通过社会控制维护断裂的自然秩序是必要的，控制的手段包括舆论、法律、信仰、社会暗示、社会宗教、个人理想、礼仪、艺术、人格、启蒙、幻象、社会价值观等。[2]之后，随着社会学的发展进步，西方社会学对社会控制有了广义和狭义两种理解：从广义上讲，社会控制是指使人们接受社会价值、原则或规范的全部过程，包括使人们社会

---

〔1〕 林春弟："转换视角开展流动人口犯罪研究"，载《检察日报》2009年9月18日第3版。

〔2〕 ［美］E. A. 罗斯：《社会控制》，秦志勇、毛永政译，华夏出版社1989年版，第38、68页。

化的所有措施；从狭义上讲，社会控制一词总是与异常行为相联系，指人们如何确定异常行为并对异常行为作出反应。[1]目前，西方学者一般在狭义上使用社会控制的概念。例如，美国学者唐纳德·布莱克认为，"社会控制是社会生活的规范方面，它是对不轨行为的界定和反应，如禁止、谴责、惩罚和赔偿"。[2]戴维·波普诺认为："社会越轨是对重要社会规范的违犯。这种违犯常常导致社会去努力惩罚冒犯者并试图减少甚至消除进一步的不良行为。旨在防止越轨并鼓励遵从的努力就是社会控制。"[3]我国社会学对社会控制的概念虽有不同的表述，但也都从广义和狭义上加以解释。例如，我国学者吴增基等认为："今天的社会控制概念并不只是片面地控制人们的行为，而且还含有协调与积极引导人们行动的重要内涵。因此，社会控制通常是指人们依靠社会的力量，以一定的方式对社会生活的各方面进行约束，确立与维护社会秩序，使其符合社会稳定和发展需要的过程。狭义的社会控制专指社会对越轨行为的禁止、限制与制裁。"[4]本研究亦从狭义上理解社会控制的概念。

2. 社会控制的方式。秩序是维系人类社会存在的基本需要，人类社会的正常运行与发展也需要以一定秩序的存在为基础。所以，在任何社会，人们都会对秩序提出一定的要求。而为了达成和维护一定的秩序，人类社会就需要足够的社会控制。"历史表明，凡是在人类建立了政治或社会组织单位的地方，他们都曾力

---

〔1〕 朱景文：《现代西方法社会学》，法律出版社 1994 年版，第 171~177 页。

〔2〕 [美]唐纳德·J. 布莱克：《法律的运作行为》，唐越、苏力译，中国政法大学出版社 2004 年版，第 2 页。

〔3〕 [美]戴维·波普诺：《社会学》，李强等译，中国人民大学出版社 2007 年版，第 231 页。

〔4〕 吴增基、吴鹏森、苏振芳主编：《现代社会学》，上海人民出版社 2014 年版，第 328 页。

图防止出现不可控制的混乱现象，也曾试图确立某种适于生存的
秩序形式"，[1]"即使是在尚未形成部落组织的原始人群当中，人
们也认识到了暴力冲突必须加以控制"。[2]那么，如何通过社会控
制实现社会秩序？对此，每个社会都会使用不同的方式来控制越
轨行为，以达成一定的社会秩序。这些控制越轨行为的方式一般
可划分成两大类，即正式的社会控制和非正式的社会控制。对此，
美国学者亚历克斯·梯尔认为，正式的社会控制，是由法官或其
他法律执行机构实施，控制手段包括惩罚等；非正式的社会控制，
是由亲戚、朋友、邻居等实施，控制手段包括羞耻等。[3]我国学
者蒋传光认为，正式控制是社会通过一定的控制机构实施的有组
织的社会控制。实施这类控制的社会规范主要有法律、纪律、宗
教制度等。非正式控制的特点在于没有明确的社会控制机构。它
的控制作用主要是通过人们在日常生活中的社会互动过程完成的。
道德控制是非正式控制中的主要形式。[4]总之，目前学界对正式/
非正式社会控制这对术语的理解虽然大体相同，但在细微之处也
有差异。详言之，有的从控制手段的视角将这对术语理解为法律
控制和道德控制；有的则从控制组织的视角将这对术语理解为正
式的、官方机构的控制（如警察、法院、检察院、司法矫正机构
等）和非正式的、社会群体的控制（如家庭、邻里、社区、企业、
同事、伙伴等）。本研究倾向于从控制组织的角度来理解正式/非

---

〔1〕　[美] E. 博登海默：《法理学：法律哲学与法律方法》，邓正来译，中国政法
大学出版社 1999 年版，第 220 页。

〔2〕　[英] 彼得·斯坦、约翰·香德：《西方社会的法律价值》，王献平译，中国
法制出版社 2004 年版，第 45 页。

〔3〕　[美] 亚历克斯·梯尔：《越轨社会学》，王海霞等译，中国人民大学出版社
2011 年版，第 18 页。

〔4〕　蒋传光："论社会控制与和谐社会的构建——法社会学的研究"，载《江海学
刊》2006 年第 4 期。

正式社会控制。

3. 社会控制与犯罪形势的关系辨析。正是基于对社会控制的理解和认识，犯罪社会学家找到了一条将社会控制与犯罪联系起来，通过社会控制实现犯罪治理、维护社会秩序的研究思路。如前文所述，在西方犯罪社会学中，有一种用社会控制的强弱来解释犯罪原因的理论——社会控制论。与其他犯罪社会学理论不同的是，社会控制论并不关注人们为什么去犯罪，而是假定人人都有犯罪的倾向，当社会控制力量薄弱时，就会实施犯罪行为。尽管社会控制论受到了不少批评，但截至 20 世纪末，该理论已经被超过 70 次的研究验证。[1]本研究认为，虽然社会控制论从人都是利己和反社会的立场出发来解释犯罪的原因，存在着致命的缺陷，但该理论将社会控制与犯罪原因联系起来，提供了一个新的观察犯罪问题的视角，是非常值得肯定的。进一步而言，从人类社会的发展进程来看，社会控制确实与犯罪的发生有关联。在社会平稳发展时期，虽然也不能避免犯罪的发生，但社会控制力量强大，社会成员能够认同并自觉遵守社会规范，因而犯罪总体形势往往稳定可控。而在社会剧烈变动时期，如战争的发生、政权的交替等，社会控制力量减弱，原有社会规范的权威受到挑战，这就在客观上为犯罪的发生提供了机会，同时对潜在犯罪人犯罪意志的形成也起到了一定的激发作用，此时犯罪总体形势往往会变得不可控。

综上所述，一定时期的社会控制力量，是与一定时期的生产方式相适应的，它与犯罪总体形势的变化也有密切的联系。下文将在北京市流动人口飞速增长的背景下，分析北京市正式/非正式

[1] Kempf, Kimberly L, "The Empirical Status of Hirschi's Control Theory", In Freda Adler, William S. Laufer ed., *Advances in Criminological Theory*, Vol. 4: *New Directions in Criminological Theory*, New Brunswick, N. J.: Transaction, 1993, p. 143.

社会控制力量的发展变化情况，探寻北京市流动人口犯罪高发的社会因素。

二、北京市公安机关和司法机关对流动人口犯罪的控制弱化

对犯罪最强有力的控制方式是公安和司法机关等国家暴力机构的正式控制。但是，面对日益膨胀的流动人口群体，北京市公安和司法机关对流动人口犯罪的控制却相对减弱。

1. 公安和司法机关的犯罪控制力量相对减弱。干警的人员数量以及经费支持是衡量社会控制力的最重要指标。从各国社会控制的实践可以看出，增加警力是打击和预防犯罪最有效的做法；警力的增加，一般都会带来犯罪率的下降。然而，在北京市流动人口持续快速增长的背景下，北京市的干警数量相对不足，办案经费略显紧张，这在很大程度上削弱了公安和司法机关对流动人口犯罪的控制力。具体而言：

第一，北京市公安机关的警察数量相对不足。北京市的警力规模到底有多大？由于政法编制的保密性，无论是在北京市公安局网站上，还是在北京市机构编制委员会办公室网站上，都搜不到相关的警力数据。但是，通过对已经公开的数据资料的分析，还是可以得出如下结论：公安机关的警察数量相对不足。具体而言：

其一，与其他国际大都市相比，北京市的警察数量明显不足。下面来看一下北京市与其他国际大都市的警察数量和警民比例基本情况，具体如表 3.1 所示：

表 3.1　北京市与其他国际大都市的警察数量和警民比例（单位：人）

城市	警察数量	警民比例（每 10 万人口）
北京	51 000	240

城市	警察数量	警民比例（每 10 万人口）
香港	33 249	510
纽约	34 500	410
东京	43 351	328

数据来源：《法制晚报》与各大城市警察部门的官方网站

表 3.1 显示，北京市的警力与其他国际大都市相比，存在明显差距。具体而言，在 2013 年，北京市公安局向社会公布：现有公安民警 51 000 余人，平均每万人中有民警 24 名，该比例高于国内其他城市。[1] 然而，相对于其它国际大都市而言，北京市的警察无论是在数量上还是在装备投入上都有较大差距。例如，美国纽约警察局拥有直升机 8 架、警用船只 11 艘，警察数量约为 34 500 人，每 10 万人口所拥有的警察数约为 410 人。[2] 日本东京警视厅拥有直升机 14 架、警用船只 24 艘，警察数量约为 43 351 人，每 10 万人口所拥有的警察数约为 328 人。[3] 我国香港特别行政区警务处拥有直升机 12 架、警用船只 142 艘，警察数量约为 33 249 人，每 10 万人口所拥有的警察数约为 510 人。[4]

其二，与流动人口的增量相比，北京市的警民比例未有改善。

---

〔1〕 北京市公安局："本市万人中有民警 24 名"，载《法制晚报》2013 年 8 月 21 日，第 A16 版。

〔2〕 New York City Police Department（NYPD），"How many Police Officers are there in the NYPD？"，available at http://www. nyc. gov/html/nypd/html/faq/faq_ police. shtml#1，访问日期：2015 年 2 月 5 日。

〔3〕 警视厅，警视厅の組織図・体制，available at http://www. keishicho. metro. tokyo. jp/sikumi/gaiyo/sosikizu. htm，访问日期：2015 年 2 月 5 日。

〔4〕 香港警务处："警队架构：警队架构图表"，香港警务处网站，http://www. police. gov. hk/ppp_ sc/01_ about_ us/os/_ chart. html，访问日期：2015 年 2 月 5 日。

下面来看一下北京市的警察数量和人口数量增加情况，具体如表3.2所示：

表3.2　北京市的警察数量和人口数量增加情况（单位：万人）

年份	警察招录数量	与上一年度相比 常住人口的增量	与上一年度相比 外来人口的增量
2013	0.0681	45.5	28.9
2014	0.1097	36.8	16.0
2015	0.1707	18.9	3.9
合计	0.3485	101.2	48.8

数据来源：《北京统计年鉴2013年至2015年》《北京市2015年暨"十二五"时期国民经济和社会发展统计公报》《北京市各级机关年度考试录用公务员招考简章2013年至2015年》

表3.2显示，在2013年至2015年，北京市的警力增加非常有限，警民比例没有较大的改善。具体而言，在这三年时间里，北京市常住人口增加了101.2万人，其中，外来人口增加了48.8万人。而在同期，北京市公安局通过年度公务员考试招录了人民警察共计3485人，再加上通过转业、特招、调入等渠道入职的人员，这两年北京市的警察数量增长估计超过5000人（具体数量无法获取）。从表面数字上看，每增加10万常住人口，警察数量大约增加超过500人，北京市的警民比例有所改善。但是，考虑到北京市公安局这两年退休、调出、辞职等的人员数量，北京市警察数量的增加情况不容乐观。在2014年，笔者联系到了一位刚刚从市公安局辞职到国企工作的干警。笔者问他辞职的原因是什么，他说：

"压力大、待遇低、升职无望，一年到头没有几天休息时间"。笔者又问："你们那辞职人多吗？"他说："听说市局压了一千多封辞职信"。可见，考虑到北京市流动人口数量的快速增长情况，近年来北京市的警民比例并没有明显改善。

第二，北京市公安机关的办案经费略显紧张。根据北京市公安局年度部门预算说明，公共安全支出是指为维护公共安全、开展公安事务及日常管理的支出，包括行政运行、治安管理、刑事侦查、经济犯罪侦查、出入境管理、居民身份证管理等支出。由于最新数据资料的缺失，我们无法得到更为完整的北京市公安局公共安全支出的年度统计数据。但是，通过对已经公开的数据资料的分析，还是可以得出如下结论：公安机关的办案经费略显紧张。对此，可以比较一下北京市公安局公共安全支出的年度情况与北京市公安局刑事立案的年度情况，具体如表 3.3 所示：

表 3.3　北京市公安局公共安全支出和刑事立案情况

年份	公共安全支出（亿元）	刑事立案（万件）
2013	32.8	14.0
2014	33.3	15.3
2015	34.9	17.4
合计	101.0	46.7

数据来源：《北京统计年鉴 2014 年至 2016 年》《北京市公安局年度部门预算说明 2013 年至 2015 年》

表 3.3 显示，北京市公安局的年度公共安全支出数额，从 2013 年的 32.8 亿元增加到 2015 年的 34.9 亿元，两年时间增长了 6.4%，增长幅度相对较小；同期，北京市公安局年度刑事立案数量，从 2013 年的 14.0 万件增加到 2015 年的 17.4 万件，两年时间

增长了 24.3%，增长幅度相对较大。此外，由于涉及国家有关保密事项，尽管我们无法得到更为详尽的公共安全科目下有关款、项级科目支出，[1]却可做一简单对比：2013 年，北京市公共安全支出 32.8 亿元，北京市公安局刑事立案数量为 14.0 万件，平均每办一案，合计公共安全经费支出 2.34 万元；2014 年，北京市公共安全支出 33.3 亿元，北京市公安局刑事立案数量为 15.3 万件，平均每办一案，合计公共安全经费支出 2.18 万元；2015 年，北京市公共安全支出 34.9 亿元，北京市公安局刑事立案数量为 17.4 万件，平均每办一案，合计公共安全经费支出 2.0 万元。[2]两相比较，如果考虑到这两年期间的通货膨胀因素，对公安机关公共安全经费的支持显然没有跟上犯罪形势的变化。

第三，北京市法院和检察院系统也同样存在案多和人员经费少的问题。2014 年 3 月全国两会期间，时任北京市高级人民法院院长慕平给出了这样一组数据：目前北京法院有工作人员 8576 名，其中政法行政编制 6303 人，具有法官职称 4168 人，事业编 426 人，聘用制人员 1900 人；2008 年北京法院收案突破 40 万件，近期保持 40 万到 43 万之间，去年收案 41 万，平均每个法官每年立案 101 件，多数法官长期加班加点，呈高负荷状况。[3]近年来，北京法院收结案数屡创新高，2015 年一线法官人均结案 159.4 件，

---

〔1〕 北京市公安局年度部门预算说明明确指出，北京市公安局年度部门预算中公共安全科目下有关款、项级科目支出，已经国家保密局确认为涉及国家秘密的信息，根据国家保密法律法规和有关保密事项范围的规定，在预算公开中予以剥离。

〔2〕 需要注意的是，这里平均每办一件刑事案件所需公共安全经费支出，并不是真实的支出，这里只是简单做一对比。因为，如前文所述，北京市公安局的公共安全支出除用于刑事案件侦破外，还要用于行政运行、治安管理等。因而，平均每办一案所需实际经费支出应该要大大低于上述数字。

〔3〕 温薷：“5 年流失 500 余法官”，载《新京报》2014 年 3 月 12 日第 A10 版。

办案任务压力已近极限。[1]

由上可知，近年来北京市公安和司法机关等国家暴力机构的控制力量未能得到有效保障，其结果是：北京警员面对繁重的工作任务，不得不加班加点，超负荷运转，全市90%以上警力"钉"在基层一线，派出所、刑侦等一线民警周平均值班时间32小时，周加班时间达26.8小时。长期处在高负荷、高应激、高风险的工作状态下，一线警员的高血压、高血脂、心脏病、糖尿病等慢性病呈逐年上升趋势。[2]2016年上半年，北京法院共有93名干警离职，离职干警以年轻人为主，男性居多，主要出自中基层法院，绝大多数具有法官职务，职级以科级为主，工作年限多在5年至10年之间。[3]成立于2012年的北京法官辞职微信群"守望的距离"，在2016年6月已满员（500人）。[4]这势必难以应对日益严重的北京市流动人口犯罪问题。

2. 公安和司法机关的犯罪控制方向出现偏差。近年来，面对愈演愈烈的流动人口犯罪问题，北京市公安和司法机关适时加大了打击力度，体现了从严惩处的一面，但却过度地将控制流动人口犯罪的希望寄托在重刑之上，这主要表现为：与本地户籍人口相比，公安和司法机关片面地对流动人口犯罪嫌疑人奉行"构罪即捕""构罪即判处实刑"的做法；相较而言，本地户籍人口犯罪嫌疑人的取保候审率、判处缓刑率远远高于流动人口犯罪嫌疑人。这在一定程度上既浪费了宝贵的司法资源，又无助于对流动人口

[1] 周斌："司法改革未出现法官离职潮"，载《法制日报》2016年7月27日第3版。

[2] 于立霄："北京一线警察超负荷工作 平均每周加班27小时"，中国新闻网，http://www.chinanews.com/sh/2013/08-20/5185614.shtml，访问日期：2015年2月5日。

[3] 周斌："司法改革未出现法官离职潮"，载《法制日报》2016年7月27日第3版。

[4] 周群峰："那些'下海'的法官们"，载《中国新闻周刊》2016年第26期。

犯罪的控制。下文将以 2009 年至 2013 年大兴区检察院办理"审查逮捕"和"取保候审"的案件数据，以及北京市法院的刑事判决书为样本，分析北京市公安和司法机关对流动人口犯罪片面从严，以致控制方向出现偏差的现状和后果。具体而言：

　　第一，流动人口的逮捕率要明显高于户籍人口。下面先来看一下上述样本范围内户籍人口、流动人口涉案（犯罪）人数和逮捕强制措施的适用情况，具体如表 3.4 和 3.5 所示：

表 3.4　"审查逮捕"案件中户籍人口、流动人口涉案人数和逮捕率（单位：人）

年份	总涉案人数	户籍人口			流动人口		
		涉案人数	逮捕人数	逮捕率	涉案人数	逮捕人数	逮捕率
2009	1574	386	335	86.8%	1188	1077	90.7%
2010	1740	405	295	72.8%	1335	1060	79.4%
2011	1541	333	205	61.6%	1208	836	69.2%
2012	1417	359	210	58.5%	1058	679	64.2%
2013	1403	331	207	62.5%	1072	752	70.1%

　　表 3.4 显示，2009 年，全区"审查逮捕"的刑事案件中总涉案人数为 1574 人，其中，户籍人口涉案人数为 386 人，被适用逮捕措施的有 335 人，逮捕率为 86.8%；流动人口涉案人数为 1188 人，被适用逮捕措施的有 1077 人，逮捕率为 90.7%。2010 年，全区"审查逮捕"的刑事案件中总涉案人数为 1740 人，其中，户籍人口涉案人数为 405 人，被适用逮捕措施的有 295 人，逮捕率为 72.8%；流动人口涉案人数为 1335 人，被适用逮捕措施的有 1060 人，逮捕率为 79.4%。2011 年，全区"审查逮捕"的刑事案件中总涉案人数为 1541 人，其中，户籍人口涉案人数为 333 人，被适用逮捕措施的有 205 人，逮捕率为 61.6%；流动人口涉案人数为

1208 人，被适用逮捕措施的有 836 人，逮捕率为 69.2%。2012 年，全区"审查逮捕"的刑事案件中总涉案人数为 1417 人，其中，户籍人口涉案人数为 359 人，被适用逮捕措施的有 210 人，逮捕率为 58.5%；流动人口涉案人数为 1058 人，被适用逮捕措施的有 679 人，逮捕率为 64.2%。2013 年，全区"审查逮捕"的刑事案件中总涉案人数为 1403 人，其中，户籍人口涉案人数为 331 人，被适用逮捕措施的有 207 人，逮捕率为 62.5%；流动人口涉案人数为 1072 人，被适用逮捕措施的有 752 人，逮捕率为 70.1%。综上所述，从逮捕措施的适用上看，2009 年至 2013 年全区"审查逮捕"的刑事案件中共逮捕涉案人员 5656 人，其中，逮捕户籍人口涉案人员 1252 人，占逮捕总人数的 22.1%；逮捕流动人口涉案人员 4404 人，占逮捕总人数的 77.9%。

表 3.5 "样本判决书"中户籍人口、流动人口犯罪人数和逮捕率（单位：人）

总犯罪人数	户籍人口			流动人口		
	犯罪人数	逮捕人数	逮捕率	犯罪人数	逮捕人数	逮捕率
166	473	256	54.1%	1194	894	74.9%

表 3.5 显示，全部样本判决书中共有犯罪人 1667 人（不包括港澳台地区犯罪人和外国犯罪人）。其中，户籍人口犯罪人数为 473 人，被适用逮捕措施的有 256 人，逮捕率为 54.1%；流动人口犯罪人数为 1194 人，被适用逮捕措施的有 894 人，逮捕率为 74.9%。换一个角度看，从逮捕措施的适用上看，全样本范围内共逮捕犯罪人员 1150 人，其中，逮捕户籍人口犯罪人员 256 人，占逮捕总人数的 22.2%；逮捕流动人口犯罪人员 894 人，占逮捕总人数的 77.8%。

综上，由表 3.4 和表 3.5 可知：流动人口涉案（犯罪）人员的逮捕率要明显高于户籍人口涉案（犯罪）人员，这表明北京市公安和司法机关在逮捕措施的适用上，对于流动人口要明显严厉于户籍人口。进一步而言，在流动人口犯罪日益严重的情况下，公安和司法机关之所以对涉嫌犯罪的流动人口过多适用逮捕措施，其原因是多方面的。一方面，在刑事侦查过程中，部分办案人员在主观上依然存在着重惩罚犯罪而轻保障人权的思想。由流动人口的流动性特点所决定，流动人口犯罪嫌疑人逃避侦查的风险要高于户籍人口犯罪嫌疑人。因此，为了减少嫌疑人逃匿的风险，保证刑事诉讼的顺利进行，片面地对流动人口犯罪嫌疑人奉行"构罪即捕"的做法。另一方面，我国现行《刑事诉讼法》规定适用逮捕的条件之一是"有逮捕必要"，但该条件的可操作性较差。从实践来看，对于流动人口犯罪案件，尤其是轻罪案件，如果适用"无逮捕必要"而作出不捕决定，流动人口犯罪嫌疑人逃匿的风险是存在的，且远远大于户籍人口犯罪，这就在一定程度上影响到了办案人员对"逮捕必要性"的判断，使办案人员内心形成流动人口嫌疑人大多会逃匿的偏信，即只要办理的案件属流动人口犯罪，就认为对流动人口犯罪嫌疑人"有逮捕必要"，尽管逮捕的质量不高。

第二，流动人口的取保率要明显低于户籍人口。下面再来看一下上述样本范围内户籍人口、流动人口涉案（犯罪）人数和取保候审强制措施的适用情况，具体如表 3.6 和 3.7 所示：

表 3.6　"取保候审"案件中户籍人口、流动人口涉案人数和取保候审率（单位：人）

| 年份 | 总涉案人数 | 户籍人口 | | | 流动人口 | | |
		涉案人数	取保人数	取保率	涉案人数	取保人数	取保率
2009	1727	489	151	30.9%	1238	163	13.2%

年份	总涉案人数	户籍人口			流动人口		
		涉案人数	取保人数	取保率	涉案人数	取保人数	取保率
2010	1969	598	299	50.0%	1371	354	25.8%
2011	1737	452	239	52.9%	1285	436	33.9%
2012	1701	457	238	52.1%	1244	529	42.5%
2013	1824	506	300	59.3%	1318	609	46.2%

表 3.6 显示，2009 年，全区"取保候审"的刑事案件中总涉案人数为 1727 人，其中，户籍人口涉案人数为 489 人，被适用取保候审措施的有 151 人，取保候审率为 30.9%；流动人口涉案人数为 1238 人，被适用取保候审措施的有 163 人，取保候审率为 13.2%。2010 年，全区"取保候审"的刑事案件中总涉案人数为 1969 人，其中，户籍人口涉案人数为 598 人，被适用取保候审措施的有 299 人，取保候审率为 50.0%；流动人口涉案人数为 1371 人，被适用取保候审措施的有 354 人，取保候审率为 25.8%。2011 年，全区"取保候审"的刑事案件中总涉案人数为 1737 人，其中，户籍人口涉案人数为 452 人，被适用取保候审措施的有 239 人，取保候审率为 52.9%；流动人口涉案人数为 1285 人，被适用取保候审措施的有 436 人，取保候审率为 33.9%。2012 年，全区"取保候审"的刑事案件中总涉案人数为 1701 人，其中，户籍人口涉案人数为 457 人，被适用取保候审措施的有 238 人，取保候审率为 52.1%；流动人口涉案人数为 1244 人，被适用取保候审措施的有 529 人，取保候审率为 42.5%。2013 年，全区"取保候审"的刑事案件中总涉案人数为 1824 人，其中，户籍人口涉案人数为 506 人，被适用取保候审措施的有 300 人，取保候审率为 59.3%；流动人口涉案人数为 1318 人，被适用取保候审措施的有 609 人，

取保候审率为 46.2%。综上所述,从取保候审措施的适用上看,2009 年至 2013 年全区"取保候审"的刑事案件中共取保涉案人员 3318 人,其中,取保户籍人口涉案人员 1227 人,占取保候审总人数的 37.0%;取保候审流动人口涉案人员 2091 人,占取保候审总人数的 63.0%。

表 3.7　"样本判决书"中户籍人口、流动人口犯罪人数和取保率（单位:人）

总犯罪人数	户籍人口			流动人口		
	犯罪人数	取保人数	取保率	犯罪人数	取保人数	取保率
167	473	158	33.4%	1194	214	17.9%

表 3.7 显示,全部样本判决书中共有犯罪人 1667 人（不包括港澳台地区犯罪人和外国犯罪人）。其中,户籍人口犯罪人数为 473 人,被适用取保候审措施的有 158 人,取保候审率为 33.4%;流动人口犯罪人数为 1194 人,被适用取保候审措施的有 214 人,取保候审率为 17.9%。换一个角度看,从取保候审措施的适用上看,全样本范围内共有取保犯罪人员 372 人,其中,取保候审户籍人口犯罪人员 158 人,占取保候审总人数的 42.5%;取保候审流动人口犯罪人员 214 人,占取保候审总人数的 57.5%。

综上,由表 3.6 和表 3.7 可知:流动人口涉案（犯罪）人员的取保率明显低于户籍人口涉案（犯罪）人员,这表明北京市公安和司法机关在取保候审措施的适用上,对于户籍人口要明显宽松于流动人口。进一步而言,在流动人口犯罪日益严重的情况下,公安和司法机关之所以对涉嫌犯罪的流动人口很少适用取保候审措施,其原因是多方面的。详言之,在西方刑事诉讼程序中,重复率最高的格言便是无罪推定,而未决羁押严重背离无罪推定原则,因此,西方成熟、有效的做法是通过取保候审制度限制、减少未决羁押的适用。[1]这就是所谓的"羁押是例外，取保是常态"的当今世界刑事诉讼的基本理念。但在流动人口犯罪中，流动人口的流动性特点更是决定了取保候审几乎难觅其踪，这是因为：一方面，流动人口不具备取保候审的条件。城市流动人口的主要构成是农村户籍进城人员，且大多来自中西部欠发达地区，很多人无固定的职业和稳定的收入，难以像城镇职工一样享受基本的社会保障，而是"漂"在城市的各个角落，这种特点决定了流动人口提出保证人或者交纳保证金的能力有限。另一方面，取保候审措施的保障性不足。在现有的案件考评机制下，如果"将犯罪嫌疑人取保在外，对办案机关及责任人员来讲，既无所得益，又陡增风险，万一被取保候审人逃跑、串供、威胁证人、毁灭证据甚至再次犯罪等等，则办案人员难免受到责怪，轻者影响业绩考评，重者承担失职责任"。[2]而且，相较于本地户籍人口，流动人口发生上述情形的可能性更大，所以，一般情况下办案人员不愿适用取保候审。因此，作为逮捕的替代性措施，取保候审在流动人口犯罪中基本无从谈起。

第三，流动人口的缓刑率要明显低于户籍人口。下面来看一下样本判决书中户籍人口、流动人口犯罪人数和缓刑的判决情况，具体如表 3.8 所示：

---

〔1〕 卞建林、廖森林："论我国取保候审制度的完善：基于大陆、香港、台湾三地的比较分析"，载《学术交流》2012 年第 9 期。

〔2〕 柯葛壮："完善我国取保候审制度的几点思考"，载《法学》2003 年第 6 期。

表 3.8 "样本判决书"中户籍人口、流动人口
犯罪人数和缓刑率（单位：人）

总犯罪人数	户籍人口			流动人口		
	犯罪人数	缓刑人数	缓刑率	犯罪人数	缓刑人数	缓刑率
1667	473	162	34.2%	1194	228	19.1%

表 3.8 显示，全部样本判决书中共有犯罪人 1667 人（不包括港澳台地区犯罪人和外国犯罪人）。其中，户籍人口犯罪人数为 473 人，被判处缓刑的有 162 人，缓刑率为 34.2%；流动人口犯罪人数为 1194 人，被判处缓刑的有 228 人，缓刑率为 19.1%。换一个角度看，全样本范围内被判处缓刑的犯罪人有 390 人，其中，户籍人口犯罪人被判处缓刑的有 162 人，占被判处缓刑总人数的 41.5%；流动人口犯罪人被判处缓刑的有 228 人，占被判处缓刑总人数的 58.5%。

综上，由表 3.8 可知：流动人口犯罪人员的缓刑率明显低于户籍人口犯罪人员，这表明北京市法院系统在缓刑的适用上，对于户籍人口要明显宽松于流动人口。进一步而言，在流动人口犯罪日益严重的情况下，法院之所以对涉嫌犯罪的流动人口很少判处缓刑，其原因是多方面的。详言之，如前文所述，近年来北京市流动人口犯罪数量处于高位运行，同时，流动人口和户籍人口在适用取保候审、逮捕等刑事强制措施方面存在着不平衡状况，对流动人口犯罪适用刑事强制措施明显严厉于户籍人口犯罪。从宏观层面看，这不但违背了法律面前人人平等的原则，而且逮捕比例过高有不当剥夺流动人口涉案人员人身自由的嫌疑。从微观层面上看，这在事实上可能导致加重对流动人口犯罪人的惩罚，这是因为：当前检察机关普遍实行案件质量考核制度，对于审查批准逮捕案件，如果犯罪嫌疑人在被批准逮捕后，罪犯最终却被判处缓刑，该案件将被考核评价为瑕疵案件，将扣减该部门考核成

绩的一部分分数；在此情况下，检察机关均竭力避免逮捕后被判处缓刑案件的发生，由此对法院量刑施加影响在所难免，再加上法院对流动人口犯罪人适用缓刑的条件把握过严，[1]结果就是被采取逮捕措施的流动人口犯罪嫌疑人一般都被法院判处实刑，被判处缓刑的案例在实践中相对较少。以样本判决书中的两个案子为例，被告人崔某系河南项城人，于2012年5月3日3时许，在北京市某综合市政工程工地内，盗窃用于施工的钢筋117根（重0.8吨），经鉴定价值人民币3480元。崔某于2012年5月3日被羁押，同年6月6日被逮捕，后被判处有期徒刑6个月，并处罚金人民币1000元。而在同一地区，被告人李某系北京本地人，于2012年9月7日6时许，在北京市某医院儿科诊室盗窃现金人民币4800元。李某于2012年9月7日被羁押，同年9月19日被取保候审，后被判处有期徒刑7个月，缓刑一年，并处罚金人民币1000元。同为盗窃罪，后者涉案金额明显高于前者，但是作为后者的本地人被取保候审，后被判处缓刑，而作为前者的外地人却被逮捕，后被判处实刑。总之，这种人为造成的偏差，极易引起流动人口对社会的仇视，从而可能引发更为严重的犯罪。[2]

　　由上可知，近年来北京市公安和司法机关等国家暴力机构的控制方向出现了偏差，其结果是：为了控制日益严峻的流动人口犯罪，北京市公安和司法机关不得不过度依赖重刑，这既浪费了宝贵的司法资源，又忽视了对流动人口的人权保障；不但无助于

---

〔1〕 法院考察缓刑适用时，主要考虑被告人是否有再犯危险。而流动人口因其流动性强，没有经常居住地或其所在基层组织不愿为其出具证明材料，所以法院难以对其再犯风险进行评估，从而影响了缓刑的适用。

〔2〕 有学者曾就"'严打'对流动人口犯罪的作用"问题专门做过研究，得出的结论是："严打"对流动人口犯罪的作用有限，还浪费了大量的人力、物力资源。颜九红等："人文奥运与北京流动人口犯罪的刑事政策"，载《北京政法职业学院学报》2005年第1期。

对流动人口犯罪的治理，反而人为地在户籍人口与流动人口间设置了"藩篱"，阻碍了流动人口融入城市社会和市民化的进程。

综上所述，伴随着流动人口的快速增长，近年来北京市的流动人口犯罪数量长期处于高位运行。但是，北京市公安和司法机关作为控制流动人口犯罪的最强有力的组织形式，其控制力量不但未能得到有效保障，还在控制方向上出现了偏差，这势必会影响到对流动人口犯罪的控制。

三、北京市基层组织和用人单位对流动人口犯罪的控制弱化

对犯罪最直接有效的控制方式是基层组织和用人单位的非正式控制。在我国，基层组织（主要指居民委员会、村民委员会等）和用人单位（主要指公司、企业等）对辖区内或单位内的人员状况通常都有着比较深入的了解；同时，在基层政权（乡镇和街道）和基层派出所的指导与帮助下，能够将辖区内或单位内人员的行为置于较为严格的控制之下，如此即可形成较强的犯罪预防与控制能力。但是，改革开放以来，由于户籍制度的松动和地区经济发展的不平衡，人员的流动性越来越大，这就造成基层组织对辖区内人员（特别是流动人员）的底数、从业情况等不能完全掌握，甚至用人单位对雇佣人员（特别是流动人员）的个人情况、居住状况等也不是十分了解。由此，基层组织和用人单位对辖区内或单位内人员（特别是流动人员）的控制力日趋减弱，其本应发挥的预防和控制犯罪的功能未能完全体现。

在北京，流动人口数量尤其庞大，这就导致了对流动人口犯罪的控制工作复杂难做。目前，北京市主要是通过对流动人口的服务和管理来采集流动人口信息，掌控流动人口的流动状态，进而实现对流动人口犯罪的控制；具体的工作任务主要由基层群众性自治组织、用人单位以及基层政权和基层派出所来承担。那么，

"城市梦"下的北京市流动人口犯罪的治理

北京市具体采用了何种方式来服务和管理流动人口？多年前，北京就摸索出了"以证管人""以房管人"和"以业管人"的"人房业齐抓共治"的"北京模式"，也有学者称之为"治安管理拓展型"的"北京模式"，"以房管人"是这种模式运行时采用的主要手段。[1]近年来，北京市还推出了"以业控人"，试图通过调整产业结构来调控流动人口。[2]总之，服务、管理和调控流动人口的"北京模式"在控制流动人口犯罪方面发挥了重要作用；但是，随着北京市经济社会的发展转型，这一模式的效力却日渐减弱，具体情况如下：[3]

1. "北京模式"的主要手段——"以房管人"落实困难。以房管人是我国户籍制度松动后，各大城市管理流动人口的重要手段，其核心是通过基层社区（村）对流动人口租住房屋进行管理，以精准地掌握流动人口的底数，以及流动人口的就业和生活情况等，进而调控流动人口的规模，实现对流动人口犯罪的控制。目

---

〔1〕 尹德挺、苏杨："建国六十年流动人口演进轨迹与若干政策建议"，载《改革》2009 年第 9 期。

〔2〕 一般认为，"以业控人"的思路形成于 2011 年，是借鉴"顺义模式"的产物。2011 年 1 月 4 日，北京市政府相关领导在"2011 年北京市工商行政管理工作会议"上表示，控制人口，根在于"业"。（舒泰峰、左林："北京人口设防"，载《财经》2011 年第 4 期。）2011 年 1 月 19 日，北京市发改委相关负责人表示，今后将采取"以业控人"等措施调控北京人口规模。（孟为："发改委：'以业控人'调控人口规模"，载《北京日报》2011 年 1 月 21 日第 6 版。）自此，北京市正式开始了"以业控人"的做法。

〔3〕《中华人民共和国宪法》第 111 条规定："城市和农村按居民居住地区设立的居民委员会或者村民委员会是基层群众性自治组织。居民委员会、村民委员会的主任、副主任和委员由居民选举。居民委员会、村民委员会同基层政权的相互关系由法律规定。"由此可知，我国的居委会和村委会并非一级政权，也不是其他官方机构的组成部分，而只是依照宪法成立的群众性自治组织。但在实践中，居委会和村委会要经常接受基层政权的指导甚至是行政命令。因此，严格来讲，所谓的"北京模式"更加偏向正式的社会控制。但是，考虑到我国宪法的规定以及居委会和村委会主要是依赖群众的支持，再加上公司、企业等用人单位的自主权相对较高，所以，本研究还是将"北京模式"归入了非正式社会控制。

前，"以房管人"仍是"北京模式"的主要手段，但在具体落实中，却存在不少问题。

第一，"以房管人"的基层组织体制说明。2005年，北京市委、市政府联合下发了《关于进一步加强流动人口管理与服务工作的若干意见》。在该《意见》的指导下，经市机构编制委员会核准，2007年1月19日，专司城市流动人口和出租房屋管理与服务的第一个省级流动人口管理机构——北京市流动人口和出租房屋管理委员会及其办公室正式挂牌成立，与首都综治办合署办公，主要职责是组织研究并整合全市流动人口和出租房屋管理与服务的相关政策，统一指导并综合协调各区县、各部门有关流动人口和出租房屋的管理与服务工作。[1]2007年11月3日，北京市人民政府第194号令发布了《北京市房屋租赁管理若干规定》，[2]作为"以房管人"的法律依据，并在第5条规定了"区、县人民政府应当在社区、村建立负责房屋租赁管理、服务的基层管理服务站（以下简称基层管理服务站），并保障其工作所需的经费、办公场所"。流管委和流管办的成立，以及房屋租赁管理规定的出台，都是为了落实"以房管人"的思路，希望通过管理出租房屋，实行出租房屋登记制度，来调控流动人口。

目前，北京市已经形成了市、区（县）、街道（乡镇）、社区（村）四级流动人口和出租房屋管理服务组织体系，尤其是按照规定在基层社区（村）设立了流动人口和出租房屋管理服务站，配备了专职管理员，并将经费统一纳入区县财政预算，根据工作需要予以保障。这正如有学者所言，使管理队伍实现了从兼职协管

---

〔1〕 参见北京市机构编制委员会办公室：《本市设立流动人口和出租房屋管理委员会及其办公室》，北京市机构编制委员会办公室网，http://www.bjbb.gov.cn/2006/0721/186.html，访问日期：2014年8月20日。

〔2〕 2011年5月5日，北京市人民政府第231号令进行了部分修改。

到专职管理的转变，基层管理队伍得到了强化，这就克服了以往流动人口和出租房屋协管员力量分散、人员流动性大的缺点，同时专职管理员职责明确、工作任务明确、工作规范化程度提高，从而强化了流动人口和出租房屋管理基层基础工作。[1]但从实际来看，现行的"以房管人"体制虽有其优势，但弊端同样存在，并且已经在很大程度上影响到了"以房管人"的效果。详言之，根据《北京市房屋租赁管理若干规定》第6条和第32条的规定，居民委员会、村民委员会等基层组织的职责是"协助有关行政部门做好房屋租赁管理工作，督促出租人、承租人自觉遵守国家和本市房屋租赁管理规定"；基层管理服务站的职责是"建立巡视制度，采集房屋租赁信息，对房屋租赁情况进行日常检查，并做好下列工作：（1）发现登记信息不实的，予以更正；（2）发现未登记的，进行补登；（3）发现房屋存在安全隐患的，督促出租人或者承租人进行整改；（4）发现违反治安、消防、卫生、计划生育、建筑结构安全等管理规定的违法行为，报告上级出租房屋管理机构或者其他有关行政部门"。然而，基层社区（村）对上述职责的落实并不容乐观。下面将围绕着笔者的实地调研情况加以说明。

第二，"以房管人"所存在的问题分析。具体而言，本研究以北京市三环内的D小区为对象进行了详细调研。D小区始建于20世纪90年代初，共有24栋楼（均未超过七层，回迁楼与商品楼并未隔断），建筑面积达120 000平方米，容积率3.5，绿化率30%，在当时属高档小区，现已陈旧。D小区距离天安门广场与CBD商务核心区均不到4公里，地理位置优越，交通便利。D小区属于半封闭小区，由于年代较久，房型较小，与周围新楼相比，在租金上有明显的优势，因此，吸引了大量在市区内工作的流动

---

〔1〕 伍先江："完善流动人口服务管理体制"，载《前线》2013年第6期。

人口在此租住。D 小区居委会在小区范围内推行网格化管理，将整个小区按楼号进行分割，划分成若干个网格，每个网格由专人负责管理，并将相关情况在小区公告栏内公示。从笔者的调研情况看，主要存在问题如下：

根据《北京市房屋租赁管理若干规定》第 11 条和第 35 条的规定，租赁房屋用于居住的，应当进行出租登记；出租人、承租人、房地产经纪机构未按照本规定办理房屋出租登记、变更、注销手续的，责令改正，由公安机关处 200 元以上 500 元以下罚款。出租登记是基层管理服务站的基本职责，是流动人口数据统计与管控的重要手段，但从调研情况看，除商用租赁外，每年主动到基层管理服务站登记的寥寥无几。笔者曾问相关工作人员，咱不是网格化管理吗，为什么不主动上门去采集房屋租赁信息？从工作人员的回答看，主要存在以下几个难题：第一，人手严重不足，虽在大学生中和社会中招募社区志愿者，但从数量、素质、专业程度上看，无法完成信息采集任务。第二，惹得居民厌烦，平白无故敲人家门谁会愿意啊，而且我们上班时间大家都在上班，确实难以统计。第三，这是最关键的，我们这的人（除了社区民警）基本上都没有执法权，凭什么去上门登记，旁边派出所都管不了，谁理你啊。是的，根据我国《宪法》第 111 条的规定，城市和农村按居民居住地区设立的居民委员会或者村民委员会是基层群众性自治组织，而不是一级政权，不具有行政管理和执法权。那么，基层管理服务站既然隶属于社区（村），自然也不具有行政管理和执法权。这就出现了职责与执法权的矛盾，极大地制约了基层管理服务站工作的开展。另外，笔者到 D 小区旁的一家房屋中介机构，与房屋出租中介人员进行了交谈，得知房主与租户不愿登记的另外一个原因——怕缴税。根据《北京市房屋租赁管理若干规定》第 18 条的规定，出租人出租房屋的收入，应当依法纳税。据中介人员讲，这笔税占租金的 10%左右，由房主主动去税务机关申报，但房主与租户都不愿承担这笔费用，于是就相互隐瞒出租情况，省得登记后给自己找麻烦。

由上可知，近年来"北京模式"的主要手段——"以房管人"落实困难，其结果是：部分流动人口离开家乡流入北京后，又未能纳入流入地基层组织和基层政权的管理范围，加之居民之间互不熟悉，邻里关系比较疏远，部分流动人口在城市生活中处于实质上的"匿名"或"隐身"状态，以至于一些人员作案后可以轻易逃脱法律的制裁，这在一定程度上助长了这些人的犯罪气焰。

2. "北京模式"的最新做法——"以业控人"遭受质疑。谈到"以业控人"，就不得不提到早期的"以业管人"。以业管人也曾经是我国各大城市管理流动人口的重要手段，其核心是利用就业证提高城市的准入门槛，然后通过用人单位掌握流动人口的流动情况，进而调控流动人口的规模，实现对流动人口犯罪的控制。详言之，改革开放后，在全国大中城市，流动人员要想合法打工，需要提交相应的证明材料，办理一张就业证。北京市也不例外，1995 年 6 月 13 日，北京市人民政府第 14 号令发布了《北京市外地来京人员务工管理规定》，规定本市对外地人员来京务工实行总量控制，就业证是外地人员在本市务工的合法凭证，未取得就业证的外地人员，任何单位和个人不得招用，对违反本规定的，由市、区、县劳动局给予相应处罚。该项规定颁行近 10 年后，由于与将要施行的《中华人民共和国行政许可法》的精神相抵触，2010 年 5 月 26 日北京市政府常务会议决定废止该规定。自此之后，北京市就没有了直接用行政手段控制流动务工人员的规定，"以业管人"随之失效。随后，为坚决遏制流动人口无序过快增长的势头，北京市推出了"以业控人"这一更多的带有"经济"色彩的做法，试图通过疏解与首都核心功能不相符的产业，引导相关行业和部分用人单位带动流动就业人员向周边地区疏解。但是，以业控人的实际调控效果与具体调控手段却遭到了社会的广泛质疑，具体情况如下：

第一，质疑"以业控人"的实际调控效果。"以业控人"的思路提出不久，"北京要推动17个低端产业的从业人员向外转移"的消息便出现在北京各大媒体上，尽管市人力社保局很快声明，"政府并没有出台低端产业转移政策，况且政府从未就低端产业有明显的政策界定，因此网络及媒体上关于'低端产业的从业人员向外转移'均为不实报道"。但这还是引起了媒体的广泛质疑和批评。有媒体认为，北京"以业控人"的调控政策有操之过急之嫌。[1] 还有媒体认为，"以业控人"的大概意思就是着力发展高端的行业、产业、企业，让那些"低端"流动人口找不到工作，无法生存，让他们"自觉"离开通州，离开北京。……行业高与低，"高端"与"低端"人口多与少，乃至一个地方流动人口数量的变化，从根本上说是市场调节的结果，是一种自然而然的过程，不是你想怎样就会怎样。[2] 以业控人的实施确实会影响到部分流动人口的就业，但以业控人绝不是简单地将部分媒体所谓的"低端产业"和"低端人口""逼"出北京，而是更多地通过经济而非行政的手段调整产业结构，优化部分行业的布局以及用人单位的岗位设置，调控流动人口的规模和就业人口的有序流动，进而实现北京市经济社会的可持续发展。因此，部分媒体的看法有失偏颇。但这却提出了一个问题，即"以业控人"到底能不能收到预期的调控效果？

第二，质疑"以业控人"的具体实施手段。2015年4月3日，

---

〔1〕 张亮、李艳洁："北京'以业控人'操之过急？"，载《中国经营报》2011年3月7日第A07版。

〔2〕 晏扬："'以业控人'真能行吗"，载《新华每日电讯》2011年12月9日第3版。

在北京市就业工作座谈会上，市人力社保局表示，为实现"以业控人"的人口调控目标，北京市将鼓励用人单位更多吸纳北京户籍的劳动者就业。[1]对此，有学者指出，"鼓励企业更多吸纳本地劳动者就业"是一个比较典型的户籍歧视，违背了《就业促进法》有关平等就业的原则。[2]不少网民也热议并争论，认为北京不应该出台歧视性政策排挤外地人。随后，市人力社保局回应称，"以业控人"只针对部分行业的新增岗位，北京市就业政策不歧视非本地户籍人口。[3]北京之所以推出"以业控人"，其初衷是好的，是为了遏制首都人口的无序过快增长，维护首都的政治稳定和社会和谐，只是在具体的做法上有些过于简单和激进。正如上述学者所言，鼓励企业吸纳京籍人口就业，确实已经触及户籍歧视问题，实质上是通过公司、企业等用人单位间接地排斥流动人口。这样做不但违反了相关法律法规关于平等就业的规定，而且，如果任由这种情况发展下去，主要通过经济手段实施的"以业控人"，会不会退变为先前已经被废弃的通过行政手段实施的"以业管人"，此中风险值得深思。

由上可知，近年来"北京模式"的最新方法——"以业控人"遭受质疑，其结果是：既引起了流动人口的强烈不满，又强化了户籍人口的优越意识。这加剧了流动人口与户籍人口之间的对立，加深了流动人口与用人单位之间的隔阂，甚至会激化用人单位内流动人口员工与户籍人口员工之间的矛盾，进而引发严重的社会治安问题，显然无助于对流动人口犯罪的预防和控制。

---

〔1〕 吴为："北京：鼓励用人单位多用本市人员"，载《新京报》2015年4月4日第A06版。

〔2〕 石睿、王宇澄、邓琳："京将推以业控人 学者指涉户籍歧视"，财新网，http://china.caixin.com/2015-04-04/100797625.html，访问日期：2015年12月6日。

〔3〕 丁静："北京人社局：'以业控人'只对部分新增岗位"，载《新华每日电讯》2015年4月5日第2版。

综上所述，伴随着流动人口数量的持续增长，近年来北京市的流动人口犯罪也在不断增加。但是，北京市基层组织和用人单位作为控制流动人口犯罪的最直接有效的组织形式，其掌控流动人口的主要手段在实践中落实困难，调控人口的重要方法遭到社会的广泛质疑，这势必会影响到对流动人口犯罪的控制。

第二节　北京市流动人口犯罪高发的个体因素
——负面情绪影响

"犯罪是一种有意识的活动，所以研究犯罪的最终途径必然要研究罪犯的犯罪心理"。[1]如前文所述，在一定时期，犯罪的整体形势与社会控制直接相关。社会控制力的相对减弱是北京市流动人口犯罪高发的重要原因，但这只是客观的外部因素，是犯罪发生的外在条件。外因必须通过内因才能起作用，下文将对北京市流动人口犯罪高发的个体内在因素进行分析。

一、负面情绪与犯罪冲动

前文已述，社会失范论试图解释在社会特定的价值目标之下，社会弱势群体为何更倾向于实施犯罪等越轨行为。尽管社会失范论有其自身的局限，又主要是以美国社会为模板构建起来的，但该理论对于理解特定社会结构下犯罪的个体致罪因素还是有较为重要的参考价值。下文即从社会失范论的角度看一下社会弱势群体负面情绪的产生，以及受这种负面情绪支配而产生的犯罪冲动。

1. 目标与手段的断裂导致部分社会成员内心产生压力与负面情绪，进而使社会处于失范状态。默顿社会失范理论的核心观点

---

[1]　罗大华：《犯罪心理学》，中国政法大学出版社 1999 年版，第 26 页。

是：犯罪是对社会过分强调与美国梦（金钱）相关联的价值目标，以及对社会看重的这一价值目标和供人们实现目标的可用手段之间的断裂的回应。[1]另外，默顿还指出：失败在美国社会通常被认为是个体的失败而非体系的缺陷，由此，对于失败的恐惧就会激发人们去获取成功、实现美国梦，如果可能就通过合法的手段，如果需要就通过下流的手段。[2]在近40年后，史蒂芬·F.梅斯纳尔和理查德·罗森菲尔德在默顿理论的基础之上提出了制度失范理论，该理论也将高犯罪率归结为人们对美国梦的拥护，认为美国梦过度地强调了金钱上的成功而降低了成功的其他替代标准，推动了全神贯注地实现这些目标，但同时降低了对追求目标的方法的重要性的强调。[3]可见，在社会失范论者看来，美国社会主要用物质财富来衡量成功与否，因而金钱上的成功就成为美国主流文化着重强调的价值目标。但是，在现有的社会结构之下，对于许多社会成员特别是弱势群体而言，通过合法手段获取金钱上的成功的机会十分有限，此时的社会结构就处于一种紧张的状态。在这种状态之下，部分社会成员产生了巨大的成功压力以及沮丧、不满等负面情绪，进而对当前的社会规范产生了广泛的不认同，社会规范也就失去了对部分社会成员的权威以及对其行为的控制力，此时社会就处于一种失范状态。

2. 巨大的压力和负面情绪引发了部分社会成员内心的犯罪冲动，进而使犯罪等越轨行为激增。在强烈的成功（金钱）获取欲望与稀缺的成功（金钱）获取机会相矛盾或冲突的情境下，美国

---

〔1〕 Robert K. Merton, *Social Theory and Social Structure*, Glencoe: The Free Press, 1957, p. 162.

〔2〕 Robert K. Merton, *Social Theory and Social Structure*, Glencoe: The Free Press, 1957, p. 169.

〔3〕 Steven F. Messner, Richard Rosenfeld, *Crime and the American Dream*, New York: Wadsworth Publishing Company, 1994, pp. 6~10.

梦使部分社会成员产生了巨大的成功压力和负面情绪。在这种压力和情绪的影响之下，人们对社会结构紧张和社会失范状态做出了不同类型的适应。对此，默顿列出了五种类型：一是遵从，即对文化目标和制度化的手段都接受，这是最常见、分布最广的适应类型；二是创新，即个体接受了对目标的文化强调，却没有同样地将决定达到此目标的途径和方法的制度性规范内化；三是仪式主义，即将巨大的金钱成功和迅速的社会升迁这种崇高的文化目标放弃或是降低到个人志向能得到满足为止；四是退却主义，即放弃了文化规定的目标，其行为与制度规范也不一致，精神病患者、孤僻者、社会弃儿、为社会所不容者、漂泊者、流浪儿、游民、老酒鬼和吸毒者等的适应行为属于这一类型；五是反抗，即置身于社会结构包围之外的人们设想而且寻求建立一种新型的，也就是说，一种进行过深刻改造的社会结构。[1]其中，第一种适应类型表明了社会成员内心对现状的接受，这是最受社会认可的，也是大多数社会成员所选择的方式；后四种适应类型（特别是第二种适应类型）则表明了社会成员内心的犯罪或越轨冲动，当然，这并非都会引起犯罪行为的发生。总之，受美国梦所带来的成功压力和负面情绪影响，部分社会成员的内心产生了犯罪或越轨的冲动，他们越来越有可能通过非法的手段去获取成功，犯罪等越轨行为的激增也就成为大概率事件。

综上所述，当人们难以通过正常的手段和途径实现社会普遍推崇且个人又非常看重的价值目标时，往往都会产生沮丧、不满等负面情绪。在这些负面情绪的影响下，人们很有可能会通过违法犯罪的手段去实现这些价值目标。因此，下文将在流动人口追

---

〔1〕 〔美〕罗伯特·K.默顿：《社会理论和社会结构》，唐少杰等译，译林出版社2008年版，第234~235、245、249、252页。

寻"城市梦"的背景下，分析北京市流动人口的内心压力和情绪变化情况，探寻北京市流动人口犯罪高发的个体因素。

二、城市生活的向往与孤独边缘感的产生

1. 流动人口对城市生活的向往。一位农民工这样对记者说道："现在都在说'中国梦'，'中国梦'搁在我这儿，那就是做个城市人，让我的孩子上得起学、上得了城里的好学校。"[1]到底有多少农民工梦想在城市里生活，成为一个城市人？对此，有学者对春节返乡的农民工发放了 1000 份问卷，调查了他们是否愿意在打工城市安家落户，结果有 47.8%的受访者表示"愿意"，52.2%的受访者表示"不愿意"。[2]另外，2011 年国家计生委流动人口动态监测项目北京市调查数据显示，对于"您是否愿意转为城镇户口"的问题，新生代农民工[3]中有 56.7%的受访者表示"愿意"，老一代农民工中有 59.0%的受访者表示"愿意"。[4]可见，

---

〔1〕 韩雪洁、马贺："三代农民工的'城市梦'：'我的梦·中国梦'系列报道之二"，载《吉林日报》2013 年 4 月 9 日第 5 版。

〔2〕 韩恒："农民工的'城市梦'及其影响因素：基于河南省'百村调查'的数据分析"，载《中州学刊》2014 年第 7 期。

〔3〕 2010 年中央一号文件《中共中央国务院关于加大统筹城乡发展力度进一步夯实农业农村发展基础的若干意见》首次使用了"新生代农民工"的提法，并要求采取有针对性的措施，着力解决新生代农民工问题。之后，国家人口计生委和国家卫计委发布的流动人口年度报告将 1980 年及以后出生的农民工称为新生代农民工，如国家卫生计生委流动人口司发布的《中国流动人口发展报告 2016》指出：2013 年调查的务工经商的劳动年龄流动人口中，1980 年及以后出生的新生代占 48.8%；2015 年相应劳动年龄的流动人口中，新生代的比例已经超过一半，为 51.1%。中华人民共和国国家卫生和计划生育委员会：《中国流动人口发展报告 2016》，中华人民共和国国家卫生和计划生育委员会网站，http://www.moh.gov.cn/xcs/s3574/201610/58881fa502e5481082eb9b34331e3eb2.shtml，访问日期：2016 年 10 月 25 日。

〔4〕 徐捷、楚国清："北京市新生代农民工城市融入意愿研究"，载《北京青年政治学院学报》2013 年第 3 期。

虽然农民工比较向往城市的生活，但还是有一半人不愿意成为城市市民。但是，有学者对 1980 年以后出生的非城市户籍的在上海打工的新生代农民工发放了 500 份问卷，调查了他们在城市定居的意愿度，结果有 67.3% 的受访者表示"非常愿意"，18.5% 的受访者表示"愿意"，9.6% 的受访者表示"不确定"，只有 4.6% 的受访者表示"不愿意"。[1]此外，2012 年国家计生委流动人口动态监测项目北京市调查数据显示，对于"在没有任何限制的条件下，您是否愿意将户口迁入北京本地"的问题，新生代农民工中有 75.2% 的受访者表示"愿意"，老一代农民工中有 81.1% 的受访者表示"愿意"。[2]可见，大多数流动人口，无论是新生代还是老一代，从贫穷与落后的乡村走进繁华与喧嚣的城市（特别是北京、上海这种经济发达的大城市）之后，非常渴望留在城市、融入城市，并成为城市市民的一员，过上更加富裕和美好的生活。换言之，"城市梦"就是大多数流动人口心中最朴素、最美丽的"中国梦"。[3]

---

〔1〕　吴浩："城市梦：新生代农民工青春梦的自我实践：基于社会融入视角的实证分析"，载酒曙光、张涛主编：《中国梦与当代青少年发展研究报告：第九届中国青少年发展论坛（2013）优秀论文集》，天津社会科学院出版社 2014 年版，第 396 页。

〔2〕　徐捷、楚国清："北京市新生代农民工城市融入意愿研究"，载《北京青年政治学院学报》2013 年第 3 期。

〔3〕　2012 年 6 月，习近平主席同美国总统奥巴马共同会见记者时指出："中国梦要实现国家富强、民族复兴、人民幸福，是和平、发展、合作、共赢的梦，与包括美国梦在内的世界各国人民的美好梦想相通。"（马述强、余晓葵、王传军："习近平同美国总统奥巴马共同会见记者"，载《光明日报》2013 年 6 月 9 日第 1 版。）是的，无论是"中国梦"还是"美国梦"，二者都体现了人们对富足、幸福、美好生活的向往和追求，在这一点上二者是相通的。但是，"中国梦"与"美国梦"也有本质的差异，"中国梦"强调的是国家富强、民族复兴、人民幸福，"中国梦"的价值维度就是要实现人的自由全面发展，这在价值层面上极大提升了"中国梦"的吸引力、凝聚力和感召力。（朱继东："'中国梦'和'美国梦'的差异在哪里？"，载《党建》2013 年第 2 期。）而"美国梦"突出强调的是金钱至上和个人成功，其本身就具有"犯罪因子"（criminogenic）。〔Daniel S. Murphy，Mathew B. Robinson，"The Maximizer：Clarifying Merton's theories of anomie and strain"，*Theoretical Criminology*，Vol. 12，No. 4（2008），p. 501.〕

2. 流动人口孤独边缘感的产生。大多数流动人口来到北京，在最初的新鲜感过后，扑面而来的就是孤独和边缘感。

第一，流动人口内心产生孤独无靠感。到北京务工的流动人口，大多数都来自基层的乡村和小城镇。费孝通先生曾有过这样的描述："中国社会的基层是乡土性的"，"乡土社会在地方性的限制下成了生于斯、死于斯的社会。……每个孩子都是在人家眼中看着长大的，在孩子眼里周围的人也是从小就看惯的。这是一个'熟悉'的社会，没有陌生人的社会"。[1]换言之，这些流动人口的来源地基本上是一个"熟人社会"，正是因为彼此熟悉，才有了相互间的信任和包容，才形成了建立在"习俗"之上的乡土秩序，在地上吐口痰，随手扔个垃圾，彼此对骂两句，甚至跑到他人地里摘棵菜，这都不算"事"。与之相反，现代的大城市基本上是一个"陌生人社会"，彼此间缺乏信任，即使邻里之间也交往有限，人际关系相对淡薄，"远亲不如近邻"的感觉是难以找到的，所以，城市的秩序基本上是建立在"法律"之上的。进一步而言，很多流动人口来到北京后，由于一时之间很难适应城市的生活方式，因而仍延续着已经内化多年的传统的乡村生活方式，于是，流动人口平时的一些生活习惯，在城市人眼中变成了"素质低下"；同时，由于多数流动人口自身文化水平较低且缺乏必要的专业技能，[2]其就业被限制在服务业和建筑业等相对低端的劳动密

〔1〕 费孝通：《乡土中国 生育制度》，北京大学出版社 1998 年版，第 6~11 页。

〔2〕《2014 年全国农民工监测调查报告》显示，高中及以上文化程度的占 23.8%，接受过技能培训的占 34.8%，从事制造业的占 31.3%、建筑业的占 22.3%、批发零售业的占 11.4%、服务业的占 10.2%。中华人民共和国国家统计局：《2014 年全国农民工监测调查报告》，国家统计局网站，http://www.stats.gov.cn/tjsj/zxfb/201504/t20150429_ 797821.html，访问日期：2015 年 12 月 15 日。2012 年国家计生委流动人口动态监测项目北京市调查数据显示，北京市新生代农民工高中及以上文化程度的占 42.1%，从事制造业的占 11.0%、建筑业的占 6.9%、批发零售业的占 23.4%、服务业

集型产业，与城市人既缺少交流的平台，也没有多少共同语言，甚至出门办事还处处碰壁。在此情境下，流动人口孤独无靠的感觉也就自然而然地产生了。

　　第二，流动人口内心产生陌生边缘感。流动人口来到北京后产生了孤独无靠感，在这种感觉的支配下，很多流动人口在居住、生活、就业甚至创业上选择了"抱团取暖"。一位在北京从事电子商务工作的流动人口务工人员这样对记者说道："作为一个外地人，我们与本地人相处时，还是多多少少感受到他们对我们的歧视。……反正，平时交往的人最多的也就是老乡们，和当地人来往很少，……有时候，感觉我们与当地人不是同一个世界的人，我们就像生活在城乡边缘，找不到认同感和归属感，……现在融入这个城市，是很困难，……只希望自己和当地市民能融入到一起，不会再有歧视！"[1]是的，来北京务工的流动人口，非常向往北京的城市生活，但由于内外因素的阻隔，很难融入到当地人的生活中去，因而，大多数流动人口只能根据自身的条件，形成了自己的生活方式。进一步而言，流动人口在北京并不是没有人际交往，但他们交往的对象往往也是流动人口，更确切地说是同在北京务工的来自老家的亲戚和同乡等，经过一段交往，这些流动人口就以血缘和地域关系为纽带，形成了自己的"朋友圈"和"生活圈"。同时，由于经济收入有限，大多数流动人口不得已只能租住在房租较为便宜的城中村、城乡结合部以及城市边缘和偏远地带，久而久之，这些区域就形成了较为固定的流动人口"聚居

（接上页）的占 16.0%、住宿餐饮业的占 21.0%。2011 年国家计生委流动人口动态监测项目北京市调查数据显示，北京市新生代农民工接受过工作技能培训的占 40.5%。（徐捷、楚国清："北京市新生代农民工城市融入意愿研究"，载《北京青年政治学院学报》2013 年第 3 期。）

　　〔1〕　陈克立、袁赛楠："同样的城市 不同的城市梦"，载《农民日报》2012 年 2 月28 日第 3 版。

区",生活在这些区域的流动人口大多来自同一地区,有着相同或类似的生活习惯,从事着层次相当的工作,很多甚至全家都在一起生活。对这些流动人口来说,这些聚居区域实际上已经形成了独立于城市社会的"家乡社会",其在这里的生活也几与家乡生活无异。总之,流动人口人际交往的狭窄和居住空间的隔离,虽然缓解了他们内心的孤独无靠感,但却拉远了他们与城市居民和城市社会的距离,不利于人们融入城市。而且,越是居住得长久,流动人口越会感觉到这座城市的陌生,感觉到自己是这座城市的边缘人,越不可能对这座城市产生归属感,而城市居民也越不可能认同流动人口的市民身份。

由上可知,流动人口从乡村流向城市的过程,实际上是流动人口从"熟人社会"走向"陌生人社会",并将"乡村秩序"带入城市且与"城市秩序"发生冲突的过程。正因这两种不同类型秩序的冲突,导致了流动人口在"流动"到北京后难以融入城市生活,进而引发了流动人口内心的孤独无靠感和陌生边缘感,使城市居民与流动人口的对立日渐形成并日益尖锐。所以,在特定情形下,流动人口选择用犯罪手段来"对抗"这种冲突,也就不足为奇,这在某种程度上可以说是对城市无形藩篱的回应。

三、富足生活的追求与相对剥夺感的出现

1. 流动人口对富足生活的追求。流动人口为何偏爱北京?虽然流动人口的流动原因各异,但大体可以归纳为三个方面,即以获取经济利益、获取发展机会及获取优质资源和服务为目的。[1]北京是我国的首都,当今中国最繁华之地,也是国人实现"出人

---

[1] 尹德挺:"北京流动人口有序管理的应对策略",载《中国人口报》2014年6月23日第3版。

头地、光宗耀祖"和"衣锦还乡"梦的最好平台。古往今来，许许多多优秀的中华儿女在北京实现了自己的"梦想"，这就引得无数国人前赴后继，争当"北漂一族"。第六次全国人口普查时，北京市统计部门调查常住外来人口迁移原因的数据显示，北京市常住外来人口中，务工经商的人口比例为 73.9%。[1]此外，有学者在 2013 年对在北京市某区生活的流动人口发放了问卷，调查了他们"目前最盼望的事情"，结果有 50.3% 的受访者说是"多挣点钱回家"、12.7% 的受访者说是"在京买房"、12.4% 的受访者说是"换一个好工作"。[2]这些数据表明，就大多数普通流动人口而言，寻求更好的就业机会，提高自己的收入水平，追求更加富足的生活，就是离开家乡来到北京的最主要目的。

2. 流动人口相对剥夺感的产生。孔子曾言："不患寡而患不均"，意为不担心贫穷或分的少，而担心财富分配不均，这实际上强调了分配不公对社会安定的影响。特别是当人们在工作中付出同样甚至是更多的努力，但收入却不如他人时，便会做出相对贫困和受到剥夺的自我判断，进而会产生心理上的失衡。当前，我国区域经济发展很不平衡，乡村与城市之间的经济发展差距较大。如果人们只是长期生活在乡村，那么对相对贫困的认知就会很模糊。但是，一旦人们从落后的乡村流入发达的城市，目睹城市的繁华与城市居民的富足生活之后，发现即使再努力工作，也难以缩小与城市居民的生活差距时，就会对相对贫困有清晰的认知，同时内心就会产生强烈的受剥夺感。

---

〔1〕　北京市第六次人口普查办公室："北京市常住外来人口迁移原因简析"，北京市第六次全国人口普查网，http://www.bjstats.gov.cn/rkpc_ 6/pcsj/201107/t20110704_ 205610.htm，访问日期：2014 年 8 月 20 日。

〔2〕　李升、黄造玉："流动人口的社会心态研究——基于 2005 年与 2013 年北京两次调查数据比较"，载《调研世界》2016 年第 8 期。

在北京，大多数流动人口在"漂"过一段时间之后就会发现：北京非常繁华，但这种繁华却"远离"自己。为了更为深入地认识流动人口和城市居民的经济生活状况，下面对北京市城镇居民的收入与支出情况与外来农民工做一综合对比，具体如表3.9所示：[1]

表3.9 北京市城镇居民与外来农民工的收入与支出情况（单位：元）

年份	北京市城镇居民		外来农民工	
	人均可支配收入	人均消费支出	人均收入	人均生活消费支出
2015	52 859	36 642	40 308+	12 144+

数据来源：《北京统计年鉴2016》《国家统计局2015年农民工监测调查报告》

表3.9显示，在2015年，北京市城镇居民人均可支配收入为52 859元，外来农民工人均收入超过40 308元；北京市城镇居民人均消费支出为36 642元，外来农民工人均生活消费支出超过12 144元。可见，无论是人均收入还是人均消费支出，北京市的流动人口都要低于户籍人口。而且，如果以家庭为单位来计算，二

―――――――――

[1] 需要说明的是，本研究从已经公开的权威的统计资料和调查报告中，并没有采集到北京市流动人口收入与支出情况的具体数据，也没有能够从有关部门获取相关数据。另外，为了了解流动人口在北京的经济生活状况，本研究曾发放了千余份调查问卷，但由于样本较少，回答内容差异较大，所得数据的准确性较低，因而只能放弃。所以，本研究只能选择从国家统计局发布的《2015年农民工监测调查报告》中，挖掘相近度较高的数据加以使用。在此做两点解释：其一，从调查对象上看，国家统计局报告中的调查对象是农民工，而北京流动人口构成复杂，除农民工外，还包括众多的从其他相对不发达城镇流入北京的城镇职工等，但农民工仍然构成了北京流动人口的绝对主体。其二，从调查区域上看，国家统计局报告中的调查区域是全国，因而报告中的农民工人均收入和人均生活消费支出均指的是全国的平均水平，北京市外来农民工的人均收入和人均生活消费支出显然要远高于全国水平，因而本研究在表3.9中使用的"+"代表"高于"。

者的收入和消费水平的差距将会更大，因为流动务工人员个人的收入很可能就是其家庭的主要或者全部收入。另外，北京工业大学、中共北京市委社会工作委员会（北京市社会建设办公室）和社会科学文献出版社联合发布的《社会建设蓝皮书（2013）》指出，八成以上北京户籍城镇居民家庭居住条件在二居室以上；而绝大多数外来常住人口没有能力在京购房，只能选择租房居住，即便房子租在昌平，房租也要占到工资的4成；同时，由于北京住房租金逐年上涨，外来常住人口住房压力也越来越大，住房状况甚至恶化。[1]由此可知，北京城市居民的经济生活状况要远远好于流动人口。如果再考虑到就业、医疗、教育保障等方面的不同等待遇，北京的流动人口当在相对受剥夺感最强烈、心理最不平衡的流动人口群体之列。

总之，"贫困不会产生犯罪，但是因贫困而不满却会而且奇怪地足以产生犯罪，在富裕国家的相对被剥夺的人们中间比在贫困国家的真正被剥夺的人们中间更有可能因贫困而不满"。[2]城市越是繁华，流动人口所受刺激越大，相对受到剥夺的感受也就越强烈，不认同现有的社会规范并意图通过犯罪手段改变自己生活状态的可能性也就越大。

四、户籍制度的壁垒与歧视排斥感的加剧

1. 流动人口面对的户籍制壁垒。研究流动人口相关问题，就不得不谈到现行的城乡二元户籍制度。户籍制度，是我国人口信息管理和服务的一项基本行政制度，其功能随着经济社会的发展

---

〔1〕　郭少峰："北京户籍人口住房超过一户一套"，载《新京报》2013年7月3日第A12版。

〔2〕　[美]路易丝·谢利：《犯罪与现代化——工业化与城市化对犯罪的影响》，何秉松译，中信出版社2002年版，第127页。

而不断演变。建国初期，我国在城市和农村建立了户口登记制度，但公民有"迁徙和居住的自由"，因而此时的户籍制度仅承担了人口信息的登记职能。之后，为了减轻城市的人口和就业压力，全国人大常委会在 1958 年通过了《中华人民共和国户口登记条例》，确立了城市和农村不同的户口登记和管理模式，并开始对城乡人口的自由流动进行严格限制，由此城乡二元制户籍结构初步形成，此时的户籍制度还承担了限制人口自由流动的功能。改革开放后，为了适应社会主义市场经济的发展，国务院在 1984 年发布了《关于农民进入集镇落户问题的通知》，规定农民可以自理口粮到集镇落户，自此户籍对人口自由流动的限制开始逐步松动，农村居民开始大量进入城市打工，但严格的城乡二元户籍结构依然未被打破，城市户籍附着的公共服务和社会福利要远远好于农村户籍，此时的户籍制度主要承担了诸多社会权益的分配功能。近年来，随着城市流动人口数量的不断增加，这种带有一定歧视和排斥性的城乡二元户籍结构，已经成为妨碍劳动力自由流动并融入城市、影响社会公正和社会进步的制度壁垒。2013 年，党的十八届三中全会通过的《中共中央关于全面深化改革若干重大问题的决定》做出了"加快户籍制度改革"的部署。2014 年，国务院发布的《关于进一步推进户籍制度改革的意见》要求"取消农业户口与非农业户口性质区分和由此衍生的蓝印户口等户口类型，统一登记为居民户口，体现户籍制度的人口登记管理功能"。2016 年，国务院办公厅印发的《推动 1 亿非户籍人口在城市落户方案》明确提出，"'十三五'期间，城乡区域间户籍迁移壁垒加速破除，配套政策体系进一步健全，户籍人口城镇化率年均提高 1 个百分点以上，年均转户 1300 万人以上"。但是，由于城市户籍上附着的利益较多且已严重固化，二元户籍结构的破除与社会资源的均衡配置，绝不是短期内所能完成的任务，这一点在北京户籍上表现得最为明显。

2. 流动人口歧视排斥感的加剧。北京户籍的"高附加值"与落户北京的"高门槛"，加剧了流动人口内心已有的受歧视感和受排斥感。

第一，北京户籍的"高附加值"与对流动人口的"歧视"。有报道指出：北京户口有80余项福利，单就买房和教育两项，北京户口就值54万元，考入北大的概率高40多倍；此外，和北京户口挂钩的还有令全国大多数省市难以企及的医疗保障、养老保险等诸多社会保障制度。如果将上述内容都计算在内，一个北京户口的绑定利益超过百万元。[1]是的，可以说北京户籍是目前中国"附加值"最高的户籍之一，但这却基本上与流动人口无关。以教育为例，全国共有112所"211"高校，仅北京就有24所，全国共有39所"985"高校，仅北京就有8所；北京户籍的孩子在北京参加高考没有任何限制，而非京籍学生即使是在北京上的中小学，也需要回原籍参加高考，或只能在京参加高等职业学校招生考试。以医疗为例，北京集中了中国最优质的医疗资源，但由于我国医保与"户籍"挂钩，实行属地管理且城乡不同，因而在京的大多数流动人口很难享受到和户籍人口同等的医疗待遇。以住房为例，户籍人口只要在北京没有房产即可购买，流动人口则需要至少连续五年缴纳社会保险和个人所得税才能购买；而且，北京的保障性住房（两限房、经济适用房等）基本上只对户籍人口开放。

第二，落户北京的"高门槛"与对流动人口的"排斥"。北京户籍的高附加值，又造就了落户北京的高"门槛"。具体而言，

---

[1] 徐潇："没有北京户口只能算'漂'：暗访大学生落户京城的交易内幕"，载《工人日报》2013年9月3日第7版。

2017 年之前在北京落户的途径主要有以下七种：一是新生儿落户，父母一方为京籍，就可以为新生儿申报北京户口；二是高端人才落户，主要是指被列入"千人计划"的高层次海归、博士后等特殊人才；三是应届毕业生落户，应届毕业生可通过应聘有"进京指标"的单位实现留京落户；四是投靠落户，主要包括夫妻投靠和离休、退休人员投靠子女；五是劳模落户，在北京市被评为全国劳模的外省市农民工可在北京落户；六是投资落户，为北京市经济发展作出贡献的商人，如符合相应条件可在北京落户；七是其他人员落户，即通过公务员考试，或应聘有进京指标的国企、事业单位、高新技术企业等，就有机会获得北京户口。[1]另外，2016 年 8 月 11 日，北京市人民政府发布的《北京市积分落户管理办法（试行）》规定，自 2017 年 1 月 1 日起，试行积分落户，即符合持有北京市居住证、不超过法定退休年龄、在京连续缴纳社会保险 7 年及以上、无刑事犯罪记录条件的人员，可以申请积分落户。然而，流动人口有何实力可以跨越如此高的落户门槛？对流动人口尤其是数量众多的农民工而言，由于自身的学历、技能等限制，加之落户指标的有限，在北京落户的希望十分渺茫。

由上可知，北京户籍代表的不只是一种简单的身份，更是各种利益的享受，但这些利益却是流动人口根本无法企及的。更为严重的是，与早期流动人口多为单身闯天下不同，近几年在京的流动人口多呈现举家一同迁移来京，或是先期少量人口来京站稳脚跟，然后召集亲友或同乡共同来京发展。[2]如果单从犯罪控制论的角度来看，这种情况的发生对流动人口犯罪的预防与控制是

---

〔1〕　温薷："北京户口'知多少'"，载《新京报》2014 年 8 月 2 日第 A12 版。

〔2〕　北京市第六次人口普查办公室："北京市常住外来人口迁移原因简析"，北京市第六次全国人口普查网，http://www.bjstats.gov.cn/rkpc_6/pcsj/201107/t20110704_205610.htm，访问日期：2014 年 8 月 20 日。

有益处的，因为这会加强流动人口群体与所处社会的联系。流动人口及其家人、亲友、同乡会形成自己的生活圈子，这会对整个群体的行为形成一个软性的约束体系；而且，流动人口在一起生活就会遵从共同的乡土习惯和道德标准，如此一来社会对流动人口犯罪的控制就相对简单了。但是，由于城乡秩序的冲突，再加上户籍制度造成的社会公共资源在流动人口和户籍人口之间分配的不均，这种家庭化的人口迁移会使流动人口在日常生活、孩子上学、买房置业、就医看病等方面遭遇更多的困难和压力，这不但会诱发流动人口对城市的认同危机，还会加剧流动人口内心已有的受歧视感和受排斥感，进一步造成流动人口的心理失衡。

综上所述，一方面，流动人口向往城市生活、勤奋努力工作，渴望实现城市梦想；另一方面，流动人口由于自身原因和制度阻碍，城市梦想实现无望。这种巨大的反差，使流动人口内心产生了巨大的压力以及强烈的受歧视感和受排斥感，进而导致了流动人口心理的失衡与沮丧、不满情绪的产生，而这种负面情绪又推动了流动人口犯罪冲动的形成。

第三节　小结：北京市流动人口犯罪发生机制分析

犯罪不会凭空而生，北京市流动人口犯罪数量长期处于高位运行，是外在社会致罪因素与内在个体致罪因素综合作用的结果。

第一，外在社会致罪因素：社会控制相对弱化。社会控制，是指社会对犯罪等越轨行为的禁止、限制与制裁。近年来，北京市流动人口犯罪问题愈演愈烈，这与北京市社会控制的弱化有关。其一，正式的社会控制弱化。对犯罪最强有力的控制方式是公安和司法机关的正式控制。但是，面对日趋严重的流动人口犯罪问题，北京市公安和司法机关的犯罪控制力量却相对减弱，具体而言：一方面，北京市公安和司法机关的犯罪控制力量未能得到有效保障，新案积案多和人员经费少的矛盾突出；另一方面，北京市公安和司法机关的犯罪控制方向出现偏差，过度地将控制流动人口犯罪的希望寄托在重刑之上，浪费了宝贵的司法资源且效果有限。其二，非正式的社会控制弱化。对犯罪最直接有效的控制方式是基层组织和用人单位的非正式控制。但是，面对日趋严重的流动人口犯罪问题，北京市基层组织和用人单位控制犯罪的功能未能完全体现，具体而言：一方面，通过基层组织掌控流动人口流动状态，进而控制流动人口犯罪的主要手段——"以房管人"落实困难；另一方面，通过用人单位调控流动人口规模，进而控制流动人口犯罪的重要方法——"以业控人"遭受质疑。

第二，内在个体致罪因素：负面情绪影响推动。行为人心底的负面情绪会推动行为人犯罪冲动的形成。近年来，北京市流动人口犯罪问题愈演愈烈，这与在京流动人口内心的失衡以及沮丧、不满等负面情绪的产生有关。其一，渴望却难以融入北京致使部分流动人口心理失衡。具体而言：一方面，流动人口从贫穷的乡村走进繁华的北京之后，非常渴望留在北京、融入北京，成为北京市民的一员，实现心中的"城市梦"。另一方面，流动人口初到北京，"乡"与"城"秩序的冲突致其难以融入京城生活，这使其内心产生了孤独无靠感和陌生边缘感；流动人口在"漂"过一段时间后发现，通过正常的工作很难缩小自己与城市居民的生活差距，这使其对相对贫困有了清晰的认知，并在内心产生了强烈的相对受剥夺感。由此，流动人口内心出现了失衡。其二，融入北京的制度壁垒导致部分流动人口沮丧不满。具体而言：一方面，落户北京需要跨越非常高的"门槛"，绝大部分流动人口由于自身的学历、技能等限制，加之落户指标有限，即使倍加努力工作，在北京落户的希望也十分渺茫。另一方面，北京户籍有非常高的"附加值"，这就造成了社会公共资源在户籍人口和流动人口之间分配的不均。这会使流动人口在日常生活方面遭遇更多的困难和挫折，使流动人口内心产生巨大的压力并加剧其内心已有的受歧视感和受排斥感，进而导致流动人口内心沮丧、不满等负面情绪的产生，而这种负面情绪又推动了流动人口犯罪冲动的形成。

第三，犯罪发生机制分析：内外因素综合作用。北京市流动人口犯罪的发生，是内外致罪因素综合作用的结果，具体而言：流动人口向往城市生活、渴望实现城市梦想，但在现有的城乡二元户籍结构之下，对于绝大多数流动人口而言，通过合法手段获取物质上的成功，进而实现自己心中"城市梦"的机会十分渺茫。这种梦想与现实的差距，使流动人口内心产生了巨大的压力以及沮丧、不满等负面情绪，进而对当前的社会规范产生了广泛的不认同，部分流动人口甚至在内心产生了犯罪的冲动，越来越有可能通过犯罪手段去获取物质上的成功、追寻心中的城市梦想。而近年来的北京正处在经济社会发展与转型的特殊时期，在疏解非首都功能和调控流动人口规模的过程中，影响社会治安的不安定因素有所增多，导致了北京市的社会控制力量相对减弱，这就为流动人口犯罪的发生提供了外部的机会，同时对潜在犯罪人犯罪意志的形成也起到了一定的激发作用。正是在这种内外致罪因素相互作用的情境下，在京的部分流动人口选择实施了犯罪行为。

第四章

北京市流动人口犯罪的治理模式

第一节 北京市流动人口犯罪的社会治理措施——强化社会控制

一、强化社会控制与保障流动人口权益

前文已述，进入 21 世纪，特别是在 2008 年奥运之后，北京市的流动人口开始了长时期的高速增长。随着流动人口在北京各个区域扎根、聚集，流动人口犯罪也呈现快速增长的态势。但是，面对日益膨胀的流动人口群体和日趋严重的流动人口犯罪问题，北京市公安和司法机关的正式社会/犯罪控制力量相对弱化，基层组织和用人单位的非正式社会/犯罪控制力量也有所减弱，这已经影响到了对流动人口犯罪的预防与控制。特别是近年来，北京正处在经济社会变革与转型的特殊时

期，在疏解非首都功能和调控流动人口规模的过程中，影响社会治安的不安定因素必定会增多，这就更容易导致流动人口犯罪问题的恶化。因此，如何尽快加强首都的社会/犯罪控制，就成为北京市需要正视的问题。但要注意的是，通过强化社会/犯罪控制来治理流动人口犯罪问题，必须要正确认识和处理好社会/犯罪控制与流动人口权益保障的关系。

1. 对强化社会控制的误解与正见。只要谈及"强化社会控制"，必定会引起部分社会公众的质疑甚至是反对，因为有人会认为：所谓的强化社会控制就是国家要加强对公民行为的约束和管制，这会侵犯到公民的人身、言论自由等基本权利，是一种严重的社会倒退。这种理解是十分偏颇的，或者说是对社会控制的误读。进一步而言，"强化社会控制"只是一个中性的用语或手段，其不必然地会与侵犯人权、专制独裁等反民主的做法相联系，关键要看适用的主体与强化的程度。再者，本研究是在社会控制理论的框架内谈社会控制问题，因而此处所指"强化社会控制"更多地是指如何加强社会成员与社会之间的相互联系，并对社会成员的行为加以引导，使其符合社会规范的问题。实际上这是实践中的社会管理与犯罪治理都绕不开的一个问题。详言之，社会成员与社会的联系程度与犯罪等越轨行为的发生有关。如果这种联系过于薄弱，社会成员就会随意违反社会规范，甚至实施犯罪等越轨行为；如果这种联系足够牢固，社会成员就会认同并遵从社会规范，犯罪等越轨行为也就不会发生。就流动人口而言，流动人口的流动性决定了其与社会的联系较为松散，这就意味着引导流动人口遵从社会规范，抑制流动人口不实施犯罪等越轨行为的力量也较为薄弱。由此，加强流动人口与社会的联系，强化对流动人口犯罪的控制也就是十分必要的。

2. 强化社会控制与流动人口权益保障的冲突。前文已述，强化社会控制不必然会侵犯人权，保障人权其实也是强化社会控制的价值追求。但在实践中，以强化社会控制的名义侵犯人权的情形也时有发生。就流动人口群体而言：一方面，有地方在制定流动人口相关法规与政策之初，就将如何防范流动人口作为首要考虑的因素，进而选择性地忽略了对流动人口相关权益的保护。例如，2010 年某省会城市公开征求意见的《居住证管理规定（草案）》规定："任何单位不得使用和聘用无居住证的流动人口。单位招用、聘用流动人口，应当对流动人口的居住证、婚育证明等有效证件进行登记"，若出租房主或用工单位违反相关规定的，公安机关将给予 50 元以上 5000 元以下的罚款。[1]这一规定是为了加强对流动人口的控制，防控流动人口的违法犯罪行为，但却侵犯了流动人口的就业权利。这是因为，我国现行《宪法》第 42 条规定，"中华人民共和国公民有劳动的权利和义务"；2008 年 1 月 1 日起施行的《中华人民共和国就业促进法》第 3 条也明确规定，"劳动者依法享有平等就业和自主择业的权利。劳动者就业，不因民族、种族、性别、宗教信仰等不同而受歧视"。另一方面，有地方以加强对流动人口的控制为名，将流动人口作为高危人群严加防范。例如，2011 年某省会城市在流动人口服务管理工作会议上宣布，公安机关要扎实开展重点人员管控，重点加强对有犯罪前科、违法劣迹或违法犯罪嫌疑，以及身份不清、无正当职业、经济来源不清或频繁变动暂住地等流动高危人员的列管工作，要严厉打击涉及流动人口的违法犯罪活动。[2]虽然有些流动人口是所

---

〔1〕 张维："部分城市针对外来人口政策被指涉嫌歧视"，中国新闻网，http://www.chinanews.com/gn/news/2010/05-28/2309384.shtml，访问日期：2014 年 8 月 29 日。

〔2〕 徐俊勇、郭静："严打涉及流动人口违法犯罪"，新华网，http://www.gs.xin-huanet.com/news/2011-05/11/content_22738271.htm，访问日期：2014 年 8 月 29 日。

谓的犯罪易感人群，或者有些流动人口曾经有过违法犯罪行为，但将其单列出来进行防范式管控，这实际上是给部分流动人口贴上了"标签"——"潜在犯罪者，定要多加防范"。美国学者戴维·波普诺指出，"标签越轨能产生持久的影响。那些获得这样标签的人，不再被简单地当作学生、水管工、父母亲或教堂职员，而多少被当作正常社会之外的人。即使个人实际上从未再作出标签所暗含的越轨行为，其社会后果也是一样的。……被标签为越轨者的人常被社会拒斥和疏远……社会拒斥和疏远趋向于将被标签的个人进一步推向越轨生活。"[1]是的，给部分流动人口贴上"标签"，不只是对流动人口的歧视和排斥，还有可能将这些被标签的流动人口进一步推向违法犯罪的深渊。

3. 依法加强社会控制，保障流动人口的合法权益。社会控制是正式的国家机构与非正式的社会群体依据社会规范对社会成员的行为进行的约束、管制与指引。要加强社会控制就需要强化对社会成员行为的约束和管制，而要强化对社会成员行为的约束和管制就必须要考虑对社会成员权益的保障问题。那么，应当如何在强化社会控制的同时维护好社会成员的合法权益？

对此，罗斯科·庞德先生曾经说过，"今天许多人都说法律乃是权力，而我却认为法律是对权力的一种限制。社会控制是需要权力的——它需要用其他人的压力来影响人们行为的那种权力。作为社会控制的一种高度专门形式的法律秩序，是建筑在政治组织社会的权力或强力之上的。但是法律绝不是权力，它只是把权力的行使加以组织和系统化起来，并使权力有效地维护和促进文

---

〔1〕〔美〕戴维·波普诺：《社会学》，李强等译，中国人民大学出版社 2007 年版，第 243、244 页。

明的一种东西"。[1]简言之，只有在法律的框架内强化社会控制，才能更好地保障社会成员所应当享有的各项权利。但是，如前文所述，流动人口的权益不但未能受到法律的有效保护，甚至有地方在以法律的名义侵犯流动人口的合法权益。因此，在国家层面上针对流动人口这一弱势群体，制定一部专门的权益保障法，更有助于避免以流动人口犯罪控制为名，曲解法律、滥用法律、甚至突破法律情形的发生，才能更好地保障流动人口群体所应当享有的权利。

二、强化北京市公安机关和司法机关对流动人口犯罪的控制力

贝卡里亚在其传世之作《论犯罪与刑罚》中说过，"预防犯罪比惩罚犯罪更高明"。[2]作为国家的暴力机关——公安和司法机关的存在不只是为了严厉打击违法犯罪活动，更是为了威慑和预防各类违法犯罪活动的发生。前文已述，作为控制流动人口犯罪最强有力组织形式的公安和司法机关，由于人员与经费的相对紧张，以及在控制方向上出现了偏差，因而对流动人口犯罪的控制力相对较弱。对此，可以从以下两个方面加以改进。

1. 公安机关可以通过绘制更为详细的犯罪地图，进一步优化警力配置、提高重点街面见警率，强化对流动人口犯罪的控制力。具体而言：

第一，优化警力配置、提高街面见警率可以带来犯罪率的降低。警力的增加到底能不能威慑和预防犯罪？这在理论界与实务界是一个比较有争议的问题。威慑理论（deterrence theory）认为，

---

〔1〕〔美〕罗斯科·庞德：《通过法律的社会控制》，沈宗灵等译，商务印书馆1984年版，第26页。

〔2〕〔意〕贝卡里亚：《论犯罪与刑罚》，黄风译，中国大百科全书出版社1993年版，第104页。

"人类基本上是有理性的，他们很计较犯罪得失；如果发现弊大于利，那他们就不去犯罪"。[1]在20世纪中后期，不少学者以威慑理论为立论基础，认为警力的增加能够加强社会治安巡逻与管控，进而可以威慑、阻止潜在犯罪人实施犯罪行为；因为潜在犯罪人也是有理性的，当其看到更多的警力部署时，会认识到受逮捕和惩罚的风险更高，因而不愿再实施犯罪行为。例如，史蒂芬·D.李维特（Steven D. Levitt）验证了美国1970年至1992年间59个人口超过25万且市长是被直接选举的较大城市的数据，得出结论：警力的增加确实能够减少暴力犯罪。[2]但有更多学者对上述看法提出了质疑，如塞缪尔·卡梅伦（Samuel Cameron）、托马斯·B.马维尔（Thomas B. Marvell）和约翰·E.埃克（John E. Eck）等梳理了众多研究警力与犯罪率之间关系的文献，发现多数研究通过实证定量分析方法得出如下结论：警力的增加与犯罪的减少并无显著的关联。[3]然而，进入21世纪后，越来越多的学者通过新的数据和新的研究方法得出如下结论：警力的增加可以带来犯罪率的降低。例如，托米斯拉夫·科万德兹克（Tomislav Kovandzic）、约翰·J.斯隆（John J. Sloan）验证了美国佛罗里达州1980年至1999年间57个县的数据，得出结论：警力的增加可以减少许多类

---

〔1〕〔美〕亚历克斯·梯尔：《越轨社会学》，王海霞等译，中国人民大学出版社2011年版，第19页。

〔2〕Steven D. Levitt, "Using Electoral Cycles in Police Hiring to Estimate the Effect of Police on Crime", *The American Economic Review*, Vol. 87, No. 3（1997），p. 270.

〔3〕Samuel Cameron, "The Economics of Crime Deterrence: A Survey of Theory and Evidence", *Kyklos*, Vol. 41, No. 2（1988），p. 301. Thomas B. Marvell, Carlisle E. Moody, "Specification Problems, Police Levels, and Crime Rates", *Criminology*, Vol. 34, No. 4（1996），p. 609. John E. Eck, Edward R. Maguire, "Have Changes in Policing Reduced Violent Crime? An Assessment of the Evidence", in A. Blumstein, J. Wallman ed., *The Crime Drop in America*, New York: Cambridge University Press, 2000, p. 207.

型的犯罪。[1]又如，乔纳森·克利克（Jonathan Klick）、亚历山大·塔巴洛克（Alexander Tabarrok）验证了美国 2002 年国土安全警报系统（HSAS）建立后共 506 天时间里华盛顿特区警务部门发布的日常犯罪报告数据，得出结论：提高见警率能够降低犯罪率，特别是街头汽车盗窃案。[2]再如，有学者运用不同于普通最小二乘法（OLS）的两阶段最小二乘法（2SLS）验证了美国 1970 年至 2000 年间 51 个州的数据，得出结论：警力与犯罪率之间是负相关关系，警力的增加明显能够减少犯罪。[3]

虽然最近的实证研究成果得出了较为一致的结论，即警力的增加明显可以带来犯罪率的降低，但这些研究大都是基于对美国警务数据与犯罪数据的分析而得出的结论。在我国，由于很难获取相关的数据，因而目前未见有研究对警力与犯罪率的关系问题做过较为精确的论证。但理论界与实务界比较一致的看法是，很多警务人员和警务工作并不承担犯罪防治的任务，所以警力的增加也不一定能够带来犯罪率的降低，但提高街面见警率，却有助于降低犯罪率。就北京市而言，想要增加经费支持，扩充警察编制，涉及政府财政支出与相关资源分配问题，必然受到方方面面因素的制约和限制。而且，受经济和社会发展程度的制约，警力的增长必然非常有限。面对日益膨胀的流动人口规模，在短期内寄希望于通过增加警力来减少流动人口犯罪，是难以起到多大效果的。因此，转变防控思路，重新对警力进行优化配置，提高街

---

〔1〕 Tomislav Kovandzic, John J. Sloan, "Police Levels and Crime Rates Revisited: A County-level Analysis from Florida (1980~1998)", *Journal of Criminal Justice*, Vol. 30, No. 1 (2002), p. 65.

〔2〕 Jonathan Klick, Alexander Tabarrok, "Using Terror Alert Levels to Estimate the Effect of Police on Crime", *Journal of Law and Economics*, Vol. 48, No. 1 (2005), p. 267.

〔3〕 Ming-Jen Lin, "More Police, Less Crime: Evidence from US State Data", *International Review of Law and Economics*, Vol. 29, No. 2 (2009), p. 73.

道、社区及村落的见警率，以更好地威慑和预防流动人口犯罪的发生，不失为一个更好的办法。但是，在2013年，北京市公安局以向人民汇报工作的形式公布了首都公安队伍建设情况，指出"为做强'小机关大基层'，实现警力跟着警情走，全局90%以上警力'钉'在基层一线，该比例远远高于公安部85%的规定。"〔1〕在2016年，"市公安局启动首批职能部门警力支援社区警务工作，一千余名民警'下沉'进社区，弥补基层警力缺口，并与社区民警捆绑'作战'。"〔2〕全市九成以上警力已经"上了街"，那还能如何提高见警率呢？

第二，通过绘制更为详细的犯罪地图，可以进一步优化警力配置、提高重点街面见警率。"犯罪地图是犯罪数据的可视化表达方式，……如同在战争中各级指挥员必备军事地图一样，犯罪防控活动的决策和实施也离不开犯罪地图。"〔3〕有资料显示，截至2012年，美国约有70%超过100人的警察局和40%不足100人的警察局依靠犯罪地图进行犯罪空间数据挖掘、犯罪风险评估及预警。〔4〕在欧美各国，"犯罪地图"的绘制、公开和使用已经在预防犯罪领域取得了成功，其方便了人们的自我防范，极大地消除了警察出动和追捕破案的盲目性，最高效率地利用了有限的警力，

---

〔1〕　北京市公安局："北京市公安局向首都市民汇报上半年队伍建设工作"，北京市公安局官方微博-平安北京，http://blog.sina.com.cn/s/blog_4cd3493f0102e90m.html，访问日期：2016年8月21日。

〔2〕　孙宏阳："北京市公安局千余机关警力'下沉'进社区"，载《北京日报》2016年1月6日第7版。

〔3〕　单勇："犯罪热点成因——基于空间相关性的解释"，载《中国法学》2016年第2期。

〔4〕　王发曾主编：《城市犯罪空间盲区分析与综合治理》，商务印书馆2012年版，第196页。

大大降低了社区犯罪率。[1]在我国，犯罪地图主要由公安机关绘制和使用，目前并未对公众开放。近年来，有学者提出了犯罪治理应顺应大数据、信息化的时代潮流，以推进犯罪地图公开的方式创新立体化社会治安防控。[2]详言之，一方面，该学者指出了我国当前的街面犯罪防控是一种以人为主（主要针对流动人口，尤其是失业、非正规就业的流动人口）的防控，这种防控模式难以从庞大的流动人口中有效辨识出潜在罪犯，因而未能有效遏制我国街面犯罪持续高发的整体态势；另一方面，为了弥补传统以人为主的犯罪防控模式的局限，该学者通过犯罪制图确证了街面犯罪的聚集分布特性，并以此为依据提出街面犯罪防控重心应从潜在罪犯转向地点。[3]

2013 年 7 月 9 日，北京市公安局曾发布过"治安地图"，从全市梳理出 114 个存在突出治安问题的重点地区，并从中确定了 19 处进行重点整治；[4]2014 年 9 月 1 日，北京市公安局宣布将建立 13 个直属派出所和 35 个分局直属中心警务站，对全市 60 个不同规模的治安复杂地区进行重点整治，加强对流动人口聚居区管理，所需警力将全部从各警种和各局属单位机关抽调。[5]以上做法实质上就是在经费和资源有限的情况下，利用治安/犯罪地图对警力进行的优化配置，这能够最大程度上增加这些治安复杂地区的见

---

〔1〕 孙伟川、范淳钰："'犯罪地图'绕开危险之路"，载《人民日报海外版》2008 年 8 月 2 日第 8 版。

〔2〕 单勇："犯罪地图的公开"，载《国家检察官学院学报》2016 年第 3 期。

〔3〕 单勇、阮重骏："城市街面犯罪的聚集分布与空间防控：基于地理信息系统的犯罪制图分析"，载《法制与社会发展》2013 年第 6 期。

〔4〕 侯莎莎："'治安地图'公布 19 处乱点曝光 警方将于近期重点整治"，载《北京日报》2013 年 7 月 10 日第 3 版。

〔5〕 孙宏阳："市公安局 13 个直属派出所揭牌"，载《北京日报》2014 年 9 月 2 日第 2 版。

警率，进而预防与控制流动人口犯罪活动的发生。而且，这种警力的优化配置还有很多工作可以做。一个城市中，不同的区域有着不同的犯罪率表现。同样，在不同的街道、社区、村落，犯罪发生情况也都不尽相同。比如，在房子相对老旧，租住率比较高的小区，盗窃等治安问题往往严重；在流动人口数量比较庞大的城中村，各类违法犯罪活动往往比较突出。因此，更为详细地"绘制"社区和村落"犯罪地图"，重新优化配置警力，加强治安巡逻防控工作，增加重点社区和城中村的见警率，能更有效地预防和控制流动人口犯罪的发生。此外，值得注意的是，北京早已开始了社区警务工作的建设，但效果较为一般。例如，在笔者调研的 D 小区中，社区警务室就在社区流动人口和出租房屋管理服务站的隔壁，但由于警力不足，常年处于空置状态，有事得直接去找派出所。既然警力不足，考虑撤并一些治安相对较好的社区警务室，根据治安形势的变化，依据不断更新的治安/犯罪地图，加强一些重点社区的警务室建设，可能效果会更好一些。

2. 司法机关可以通过进一步贯彻宽严相济刑事政策、提升对流动人口犯罪人员的社区矫正适用率，强化对流动人口犯罪的控制力。具体而言：

第一，提升对流动人口犯罪人员的社区矫正适用率更有利于预防和控制流动人口犯罪。社区矫正，是一项将罪犯置于社区进行救治性处遇的行刑方式，同在监狱内行刑相比，社区矫正不将罪犯与社会隔离，这无疑对罪犯更为宽和、人道，更有利于协助其复归社会。[1]有数据表明，相比于监狱刑满释放人员，社区矫正解矫人员的重新犯罪率更低，社区矫正确实能够有效预防与减

---

〔1〕　冯卫国、储槐植："刑事一体化视野中的社区矫正"，载《吉林大学社会科学学报》2005 年第 2 期。

少重新犯罪。[1]而且，从北京的情况来看，自 2004 年在全市启动社区矫正试点以来，累计接收社区服刑人员 4.4 万名，解除矫正 3.9 万名，矫正人员服刑期间重新犯罪率始终保持在 0.1%以下。[2]就流动人口犯罪人而言，对其适用社区矫正既可以降低其在北京再次犯罪的可能性，还能更好地帮助其融入社会，甚至可以影响到与其同在北京的家人、同乡、同学等，使他们更加感恩社会，减轻他们内心的失衡感。但是，从目前情况看，北京市对流动人口犯罪人员的矫正情况并不乐观。下面来看一下 2013 年大兴区范围内户籍人口犯罪人和流动人口犯罪人适用社区矫正的情况，具体如表 4.1 所示：

表 4.1　户籍人口犯罪人、流动人口犯罪人适用社区矫正情况（单位：人）

总矫正人数	户籍人口犯罪人		流动人口犯罪人	
	矫正人数	矫正比例	涉案人数	矫正比例
445	402	90.3%	43	9.7%

表 4.1 显示，在 2013 年，大兴区范围内接受社区矫正的犯罪人总数为 445 人。其中，户籍人口犯罪人员接受社区矫正人数为 402 人，流动人口犯罪人员接受社区矫正人数为 43 人。前文已述，全区流动人口犯罪数约占全部犯罪数的七成左右，远远大于户籍人口犯罪数，但接受社区矫正的人数却远远小于户籍人口，原因何在？其一，根据 2012 年《北京市社区矫正实施细则》第 5 条的

〔1〕　吴卫军等："社区矫正能否有效预防与减少重新犯罪？——以东部某省 H 市 2007~2011 年数据为对象的个案分析"，载《中国刑事法杂志》2013 年第 10 期。
〔2〕　王斌："北京加强顶层设计确保各环节规范执行 社区矫正人员再犯罪率不超 0.1%"，载《法制日报》2014 年 10 月 8 日第 1 版。

规定，应由"居住地"[1]司法所负责对社区矫正人员的接收和日常管理工作，但流动人口流动性较强，很多情况下，居住地难以确定。其二，根据2011年《中华人民共和国刑法修正案（八）》和2012年《中华人民共和国刑事诉讼法》第258条规定，社区矫正适用于下列人员：对被判处管制、宣告缓刑、假释或者暂予监外执行的罪犯。前文已述，由于司法机关对流动人口犯罪的片面从严，对流动人口犯罪人员判处缓刑，以及管制等轻刑的比例过低，这在很大程度上影响到了对流动人口犯罪人员的社区矫正适用。

第二，通过进一步贯彻宽严相济刑事政策，提升对流动人口犯罪人员的社区矫正适用率。宽严相济刑事政策是目前我国的基本刑事政策，2010年2月8日最高人民法院《关于贯彻宽严相济刑事政策的若干意见》明确指出："要正确把握宽与严的关系，切实做到宽严并用。既要注意克服重刑主义思想影响，防止片面从严，也要避免受轻刑化思想影响，一味从宽。"前文已述，司法机关依赖重刑严控流动人口犯罪的做法，既浪费了宝贵的司法资源，没能取得预期的效果，又间接降低了流动人口犯罪人员的社区矫正适用率，影响到他们重新融入社会，还容易引发流动人口群体的不满情绪，进一步激化社会矛盾。因此，司法机关应当转变控制方式，通过正确贯彻实施宽严相济的基本刑事政策，来预防与

---

[1]　2012年《北京市社区矫正实施细则》第60条规定，本细则所称"居住地"，特指社区矫正人员的固定住所地，包括下列五种情形：产权由社区矫正人员所有且未被租借、赠与、他用的住所地；由社区矫正人员合法租赁且剩余租期在六个月以上的住所地；产权由社区矫正人员亲友所有或与社区矫正人员共有，未被租借、赠与、他用，且亲友书面同意接纳其在此居住的住所地；由社区矫正人员亲友合法租赁，剩余租期在六个月以上，并且其亲友书面同意接纳其在此居住的住所地；被判刑前在原工作单位提供的住处居住，被判刑后或出监所后其原工作单位书面同意其在该住处继续居住的住所地。

控制流动人口犯罪的发生。具体而言，在司法实践中贯彻和运用宽严相济刑事政策时，要根据流动人口犯罪的具体情况，实行区别对待，做到该宽则宽，当严则严，宽严相济，罚当其罪，既要注意克服重刑主义思想影响，防止片面从严，也要避免受轻刑化思想影响，一味从宽。一方面，此处的"该宽则宽"是指对流动人口犯罪人员，应当予以宽大处理的，就予以宽大处理，决不退缩。例如，对在流动人口犯罪类型中占有很大比例的普通财产犯罪、经济犯罪、妨害社会管理秩序罪，以及初犯、偶犯、过失犯、未成年犯等，因其社会危害性、行为人的主观恶性和人身危险性相对较小，在刑事诉讼中，对其就可以"从宽"，即在侦查阶段能不逮捕尽量不逮捕，在审查起诉阶段能不起诉尽量不起诉，在审判阶段能够判处缓刑就尽量不要判实刑。另一方面，此处的"当严则严"是指对流动人口犯罪人员，应当从严处理的，就予以从严处理，决不放纵。例如，对近年来增长较快的严重暴力犯罪（如杀人、伤害、强奸等），职业化、专业化倾向明显的有组织共同犯罪，以及累犯、惯犯等，就应依法"从严"惩处。总之，在司法实践中通过正确贯彻实施宽严相济刑事政策，既可以节约司法资源，将好钢用在刀刃上，更好地打击流动人口犯罪活动，又可以提升流动人口犯罪人员的社区矫正适用率，更好地帮助他们重新融入社会，还可以避免流动人口群体的心理失衡，更好地预防流动人口犯罪的发生。

三、强化北京市基层组织和用人单位对流动人口犯罪的控制力

前文已述，目前北京市通过基层群众组织掌控流动人口信息的主要手段"以房管人"在实践中落实困难，引导用人单位调控人口数量的最新做法"以业控人"遭到社会的广泛质疑，这削弱了基层组织和用人单位对流动人口犯罪的控制力。对此，可以从

以下两个方面加以改进。

1. 落实"以房管人"，掌控流动人口信息，控制流动人口犯罪。前文已述，由于北京市基层群众组织的社会控制力相对减弱，致使大量流动人口在进入北京后基本上处于"隐身"状态，造成流动人口在很多社区和村落里信息不明、底数不清，给流动人口的服务和管理活动造成了极大不便，这种情形非常不利于对流动人口犯罪的预防与控制。因此，进一步强化基层群众组织对流动人口犯罪的控制力是非常有必要的。进一步而言，通过到基层社区（村）的实地调查研究发现，流动人口在北京市的落脚之处主要是出租房屋，而且利用出租房屋进行违法犯罪活动的现象比较突出，所以，在当前形势下，"以房管人"仍是加强流动人口的服务与管理工作，预防与控制流动人口犯罪的一个相对有效的方法。但是，由于现行的组织体制不顺畅，以及对相关政策和法规的落实不到位，目前基层流动人口和出租房屋管理服务站的工作大多停留在"被动服务和管理"的层面，难以履行"以房管人"职责。对此，可以从以下四个方面加以改进。

第一，进一步理顺基层流动人口和出租房屋管理服务站的组织体制。要理顺组织体制，就要尽快解决基层管理服务站在职责与执法权上的矛盾。对此，有学者提出可以将基层管理服务站明确为街乡流动人口和出租房屋管理办公室的行政派出机构，将相应的行政执法权赋予具有公务员身份的社区（村）流动人口和出租房屋管理服务站工作人员。[1]本研究认为，将基层管理服务站与社区（村）脱钩是非常正确的。因为，在现行的宪法制度下，社区（村）是基层群众性自治组织，基层管理服务站只要隶属于社区（村），它就很难取得相应的行政管理和执法权。但是，上述

---

〔1〕　伍先江："完善流动人口服务管理体制"，载《前线》2013年第6期。

解决办法还是存在着一些问题。从北京市编办对流动人口和出租房屋管理办公室的定位来看，它只是办事协调机构，并没有相应的行政管理和执法权，因此，将基层管理服务站定位为它的行政派出机构，并由它将行政执法权赋予基层管理服务站中具有公务员身份的工作人员，其合理合法性需要进一步考量。本研究认为，对现有的基层管理服务站进行撤并整合，优化管理和服务资源，并将其明确为各区（县）建设（房屋）行政部门的派出机构，并将相应的行政执法权赋予具有公务员身份的工作人员，与社区（村）共同履行"以房管人"职责，应该是相对较好的一个解决办法。

第二，进一步完善基层流动人口和出租房屋管理服务站的工作机制。要完善工作机制，就要尽快解决基层管理服务站在工作任务与人员配备上的矛盾。前文已述，通过到基层社区（村）的实地调查研究发现，基层管理服务站现有的专职和兼职管理人员，无论从数量还是专业素质上看，都难以完成相关政策法规所要求的服务和管理任务。然而，由于编制与经费所限，靠增加人员数量，提高薪酬待遇，加强专业培训，在短期内是不可能解决上述矛盾的。本研究认为，由街道（乡镇）出面协调，抽调相关单位人员组成联合执法组，与社区（村）一起定期巡视、检查，应该是相对可行的一个解决办法。因为，《北京市房屋租赁管理若干规定》第30条规定："公安、建设（房屋）、工商行政管理、民防、卫生、人口计生、规划、文化、教育、税务和城市管理综合执法等行政部门应当建立执法责任制，落实对房屋租赁管理的监督检查责任；在执法中发现不属于本部门查处的违法行为的，应当及时告知同级出租房屋管理机构，出租房屋管理机构应当及时告知有关行政部门依法查处。"可见，根据这一规定，既然公安、建设、工商等行政部门都负有相应的服务和管理职责，就应当由其工作人员来落实完成，出人、出钱也就理所应当。

　　第三，进一步改进基层流动人口和出租房屋管理服务站的服务工作。目前，基层管理服务站有其自身的难处，连管理工作都是在"被动管理"，当然也就谈不上能够为流动人口租房提供多少服务了。对此，基层管理服务站应尽快调整工作思路和工作方式，完成由"先管理、后服务""重管理、轻服务"，向"强管理、先服务""以服务促管理"的转变。具体而言，在流动人口数量众多，流动人口犯罪问题严重，流动人口服务与管理工作做得较好的大兴区正在进行这样的尝试——以房屋管人，变后置管理为前置服务。在大兴区的黄村镇桂村，户籍人口有800余人，流动人口却有约3000人。为解决村里治安问题，村流动人口管理服务站转变思路，认为"强管理，就要先抓服务"。为此，村里实施了"房屋中介式服务"，流动人口进村租房，先到中介服务站登记，再由工作人员领着去看房选房，最后与房主签订合同及各种安全责任书，并且服务全免费。[1]以服务促管理，在提供服务的同时，就已经做好了管理工作，还节省了人力、物力，确实值得借鉴。所以，如果能够将基层管理服务站明确为北京市各区（县）建设（房屋）行政部门的派出机构，以基层管理服务站和社区（村）为主搭建统一的房屋租赁信息平台，[2]并提供免费服务，那对"以房管人"作用的发挥，意义将非常重大。

　　第四，进一步落实北京市出租房屋管理的相关政策和法规。要落实相关政策和法规，就要尽快形成从严为主的"瞒租"行为

---

　　〔1〕　余荣华："北京：让流动有序 让成果共享"，载《人民日报》2013 年 5 月 29日第 17 版。

　　〔2〕　其实，早在数年前，北京市住建委为平抑日益上扬的租金，就发布消息称要建立统一的房屋租赁信息平台（胡雪柏：《北京欲建房屋租赁信息平台 租赁将成监管重地》，新华网，http://news.xinhuanet.com/fortune/2011-02/28/c_121127652.htm，访问日期：2014 年 8 月 30 日），但至今未能实施。

惩处机制，提高对"瞒租者"的处罚概率。《北京市房屋租赁管理若干规定》第11条规定，租赁房屋用于居住的，应当进行出租登记，出租人应当自与承租人订立房屋租赁合同之日起7日内，到房屋所在地的基层管理服务站办理房屋出租登记手续；第35条规定，出租人未按照本规定办理房屋出租登记、变更、注销手续的，由公安机关责令改正，处200元以上500元以下罚款。但是，实践中因"瞒租"而被依法惩处的少之又少，无法形成威慑力。因此，对于"瞒租"行为，如果能做到"执法必严、违法必究"，即只要有"瞒租"行为就必然要受到惩处，那么就可以最大化地提升"瞒租"的成本，进而促使租赁人去主动登记。

2. 改进"以业控人"，调控流动人口规模，控制流动人口犯罪。前文已述，由于"以业控人"的实际调控效果与具体实施手段遭到了社会的广泛质疑，造成流动人口和户籍人口甚至是用人单位在心理意识上更加疏远，流动人口的社会融入愈发地艰难，这种情形非常不利于对流动人口犯罪的预防与控制。因此，进一步认识"以业控人"的实际调控效果，改进"以业控人"的具体实施手段是非常有必要的。

第一，"以业控人"的实际调控效果分析。前文已述，"以业控人"的政策出台时，不少媒体曾质疑其能否达到预期的调控效果？近年来，北京市始终把"以业控人"作为缓解首都人口资源环境矛盾的重要选择，把推动产业结构优化升级，引导相关行业和部分用人单位带动流动人口向周边地区疏解，作为调控北京市流动人口规模的重要措施。下面来看一下2013年至2015年间，北京常住人口及外来人口的总量、增量与增速情况，具体如表4.1所示：

表 4.2　北京市常住人口与外来人口的总量、增量与增速（单位：万人）

年份	常住人口			外来人口		
	总量	增量	增速	总量	增量	增速
2013	2114.8	45.5	2.2%	802.7	28.9	3.7%
2014	2151.6	36.8	1.7%	818.7	16.0	2.0%
2015	2170.5	18.9	0.9%	822.6	3.9	0.5%

数据来源：《北京统计年鉴 2013 年至 2016 年》《北京市 2015 年暨"十二五"时期国民经济和社会发展统计公报》

表 4.2 显示，2013 年至 2015 年间，尽管北京市人口规模持续扩大，但增量逐年减少、增速呈放缓态势。2014 年末北京市常住人口为 2151.6 万人，较 2013 年增加了 36.8 万人，增量减少 8.7 万人，增速为 1.7%，比 2013 年下降了 0.5 个百分点。其中，外来人口为 818.7 万人，较 2013 年增加了 16.0 万人，增量减少 12.9 万人，增速为 2.0%，比 2013 年下降了 1.7 个百分点。2015 年末北京市常住人口为 2170.5 万人，较 2014 年增加了 18.9 万人，增量减少 17.9 万人，增速为 0.9%，比 2014 年下降了 0.8 个百分点。其中，外来人口为 822.6 万人，较 2014 年增加了 3.9 万人，增量减少 12.1 万人，增速为 0.5%，比 2014 年下降了 1.5 个百分点。可见，无论是常住人口还是外来人口，其增速和增量在这三年间均实现了"双下降"。

由上可知，"以业控人"政策的实施对控制流动人口无序进入北京起到了一定效果，使得北京流动人口持续高速增长的状况有所缓解。但要注意的是，一方面，北京人口问题的缓解在很大程度上还与我国适龄劳动人口比例下降，全国范围内流动人口的增速放缓有关。因此，"以业控人"的实际调控效果到底有多大，还需要依靠更为精确的数据做进一步的验证分析。另一方面，无论是人口增量下降还是增速下降，都只是一个相对概念，北京市的流动人口总量仍在持续增加。因此，"以业控人"的具体实施手段仍有待进一步改进。

第二，"以业控人"的具体实施手段改进。国家卫生计生委流动人口司发布的《中国流动人口发展报告 2016》指出：家庭化流动趋势加强，流入人口的家庭规模有所扩大，居住时间越长则共同流动的家庭人口数量越多，2015 年流动人口在流入地的家庭规模为 2.61 人；流动人口的居留稳定性持续增强，流动人口在现住地的平均居住时间超过 4 年，有一半人在当地居住时间超过 3 年，未来打算在现住地长期居住的比例超过半数。[1]在北京，人口流动在一定程度上已经步入了以家庭迁移为主的阶段。前文已述，本研究在对流动人员进行深度访谈时发现，不少流动人口早已举家迁入北京，成为事实上的"北京人"。上述这种家庭化的人口流动表明：流动人口在京居住、生活与工作的稳定性持续增强，很多流动人口迫切希望留在北京、融入北京，实现自己心中的城市梦；如果没有大的变化，这些流动人口已不愿再到处流动。所以，"以业控人"的具体调控手段一定要"温和"，毕竟流动人口确实为北京的经济社会发展做出了巨大贡献，北京已享受了多年的流动人口红利，如果调控手段不当，难免会加剧社会矛盾与冲突，影响到首都政治稳定、社会和谐的大局。具体而言：

其一，要明确"以业控人"不是"以户籍控人"，而是"以产业控人"。一方面，"以业控人"与"以户籍控人"是两个概念，绝不能等同。不可否认，直接通过户籍提高入京就业门槛，

---

〔1〕 中华人民共和国国家卫生和计划生育委员会："中国流动人口发展报告 2016"，中华人民共和国国家卫生和计划生育委员会网站，http://www.moh.gov.cn/xcs/s3574/201610/58881fa502e5481082eb9b34331e3eb2.shtml，访问日期：2016 年 10 月 25 日。

确实能够起到控制流动人口无序过快增长的效果。流动人口之所以离开家乡来到北京，是因为北京有更好的就业机会，能够给予更多的工作收入，更有利于自己城市梦的实现；如果连就业机会都没有，要在北京实现自己城市梦的流动人口自然会减少。但是，简单地利用户籍限制流动人口就业，不但违反了相关法律法规关于平等就业的规定，侵害到了流动人口群体的正当权益，还在制度上形成了对流动人口的歧视和排斥，加深了流动人口与流入城市的隔阂与矛盾。另一方面，"以业控人"是"以产业控人"，而不能理解为"以就业控人"。以业控人的核心是通过疏解与首都核心功能不相符的产业，引导部分行业和部分用人单位带动流动人口向周边地区疏解，从而达成调控北京市流动人口规模的目标。而以就业控人的核心是通过为户籍人口创设优于流动人口的就业机会，间接地利用用人单位挤压流动人口的就业空间，从而达成减少流动人口的目的。从长远来看，以业控人的实施，不但能够调控流动人口的规模，还能够进一步优化产业结构，有利于北京市经济社会的可持续发展。而以就业控人的实施，既影响到了用人单位的人才选拔与成本控制，损害了用人单位的经济利益，又影响到了平等的就业市场竞争环境，加深了流动人口就业人员与用人单位之间的隔阂与矛盾，还影响到了用人单位内流动人口员工与户籍人口员工的凝聚力与共同价值观的形成，不利于用人单位和单位员工的长远发展。

其二，要使用"经济手段"而不是"行政手段"调控流动人口规模。一方面，单纯地通过"行政手段""逼迫"相关行业和部分用人单位及其员工离开北京只能是事倍功半。为什么每年都有众多的流动人口来到北京、漂在北京，而不愿意离开北京。有人这样写道："为什么我们忍受北京，无论如何，不忍离去？我想，因为这座城市，给了我们最珍贵的东西——可能性。当然，很多时候，可能仅仅是可能，这正是残酷之处。我永远记得，每年都有那么几个瞬间，我走出地铁站，觉得这是一座希望之城。"[1]还有人这样说道："回家，就意味着你失败了。在我们小城市，考到北京的感觉，就像大城市的学生出国的感觉一样，大家以你为骄傲，觉得你未来有出息，你的家人以后也能去北京。如果你离开了北京，家人的面子会挂不住。"[2]是的，在全国人民眼中，北京能够提供其它城市无法提供的"可能性"和"希望"，因为北京有着其它城市无法比拟的资源。只要资源仍在，离开的仍会回来，甚至会来的更多。所以，用"行政手段""逼迫"流动人口离开北京，除了会引发社会的质疑和不满，不会有多大的效果，因为已经"漂"在北京的流动人口不愿离开北京，新增的流动人口更是只"认"北京，即使勉强离开的，恐怕迟早会以各种形式回流。

另一方面，更多地利用"经济"手段引导相关行业和部分用人单位带动流动人口向周边地区疏解才能事半功倍。俗语说，人往高处走。如果京外有更好的选择，流动人口自然会选择离开。换言之，在京津冀一体化、推进京津冀协同发展的战略背景下，将北京的部分优质资源"疏解"至周边地区，平衡地区间的发展差异、促进地区间的协调发展，自然能够吸引到相关行业和部分用人单位带动流动人口过去发展，因为那里有更好的发展资源和发展机会。但要明确的是，地区产业链特别是服务业产业链的形成，是以消费者为导向的，很大程度上是经济手段而非行政手段调节的结果。因而，到底哪些产业需要疏解，这需要对整个地区产业链和消费者的需求进行深入的调研；到底应当如何疏解，这更多地需要财税、信贷等经济手段加以引导。如果只是利用行政

---

[1] 柏邦妮："我为什么宁愿在'北上广'受苦"，载《新一代》2014年第4期。

[2] 赵昂："他们为何不愿离开北京？"，载《工人日报》2014年4月13日第2版。

手段，强制转移某些所谓的"低端"产业，将很难达成预期的流动人口调控效果。因为，即使将部分用人单位"逼离"北京，单位的流动人口员工也不一定会离开北京；即使流动人口员工勉强随单位离开北京，如果没有更好的待遇和发展，也会随时回流；甚至已经离开的单位，都有可能以各种隐蔽的形式回流。如此一来，流动人口的调控目标就会落空，用人单位对流动人口的控制也会进一步减弱，影响首都社会的不稳定因素会进一步增加，对流动人口犯罪的控制也就越发的困难。

第二节　北京市流动人口犯罪的个体治理措施
——消解负面情绪

一、户籍制度改革与流动人口负面情绪的消解

1. 城乡二元户籍制度的存在与流动人口犯罪的发生。研究流动人口犯罪问题，就不得不谈到现行的城乡二元户籍制度。很多人都认为，正是因为这种不合理的户籍制度的存在，才导致当前各大城市流动人口犯罪问题如此突出，所以，废除这种户籍制度，城市流动人口犯罪问题自然消亡。本研究认为，对此观点要做辩证的分析：其一，这种观点有一定道理。无可置疑，没有户籍制度就不存在所谓的流动人口，当然流动人口犯罪问题也就无从谈起，因为现行认定流动人口与流动人口犯罪的标准就是户籍。而且，正是因为现行相对不合理的户籍制度使城市的户籍人口享受到了比流动人口更优厚的公共服务和社会福利，才导致了流动人口内心沮丧、不满等负面情绪的产生，而这种负面情绪又推动了流动人口犯罪冲动的形成，进而导致城市流动人口犯罪数量长期处于高位运行。其二，这种观点失之偏颇。不可否认，即使没有

城乡二元户籍制度的存在，社会主义市场经济大发展下的人口流动也无可避免。可以说，只要地域经济发展不平衡，只要城市的经济发展水平远远高于广大乡村，规模化的人口流动就会一直存在，城市的流动人口犯罪问题自然不会消亡。当然，这种类型的流动人口犯罪与我们现在谈起的不大一样，更类似无户籍制度的西方国家在工业化和城市化进程中所面临的城市迁移人口犯罪问题。

2. 通过渐进式的户籍制度改革，逐步放开落户限制，消解流动人口的负面情绪，进而实现北京市流动人口犯罪的治理。前文已述，北京户籍的"高附加值"、落户北京的"高门槛"与北京市流动人口犯罪的高发密切相关。那么，能否通过放开北京市的落户限制，化解北京市流动人口犯罪高发的态势？答案显然是否定的。在我国乡村人口众多，而城乡经济发展又极不平衡的情况下，贸然放开北京市的落户限制，可以想象北京将会是什么样的情况。正因如此，2014 年中共中央、国务院印发的《国家新型城镇化规划（2014–2020 年）》指出，要实施差别化落户政策，全面放开建制镇和小城市落户限制，有序放开城区人口 50 万–100 万的城市落户限制，合理放开城区人口 100 万–300 万的大城市落户限制，合理确定城区人口 300 万–500 万的大城市落户条件，严格控制城区人口 500 万以上的特大城市人口规模。2014 年《国务院关于进一步推进户籍制度改革的意见》指出，要进一步调整户口迁移政策，全面放开建制镇和小城市落户限制，有序放开中等城市落户限制，合理确定大城市落户条件，严格控制特大城市人口规模。2016 年《国务院关于深入推进新型城镇化建设的若干意见》指出，鼓励各地区进一步放宽落户条件，除极少数超大城市外，允许农业转移人口在就业地落户。2016 年《国务院办公厅关于印发推动 1 亿非户籍人口在城市落户方案的通知》指出，全面放开放宽重点群体落户限制。除极少数超大城市外,全面放宽农业转移人口落户条件。可见,作为常住人口超过两千万的特大城市,北京市落户限制的放开只能是一个渐进的过程。但是,通过社区融入、居住证制度和积分落户制度统筹推进北京市的户籍制度改革和基本公共服务均等化,不断扩大教育、医疗、住房、就业、养老等城镇基本公共服务覆盖面,均衡社会公共资源在户籍人口和流动人口之间的分配,逐步消解流动人口内心的沮丧、不满等负面情绪,进而减少北京市流动人口犯罪的发生,却是完全可行的。

二、通过社区融入减少流动人口的孤独边缘感

前文已述,流动人口出于对城市生活的向往从乡村来到北京,实际上是从"熟人社会"走进了"陌生人社会"。"乡"与"城"秩序的固有冲突,使初到北京的流动人口很难融入京城的生活,进而使流动人口内心产生了孤独感和边缘感。由此,流动人口心理出现了失衡,成为所谓的犯罪易感群体。所以,通过社区融入计划,调和"乡"与"城"秩序的冲突,帮助流动人口融入京城的生活,减少流动人口在京城的孤独感和边缘感,就成为消解在京流动人口的负面情绪,进而实现北京市流动人口犯罪治理的重要途径。

1. 为流动人口提供社区服务和支持,提升流动人口的职业技能和法律意识,减少流动人口的孤独无靠感。如前文所述,在京流动人口文化水平偏低、主要以初中及以下文化程度为主,职业技能有限、多数没有参加过任何技能培训,就业范围较窄、限于收入较低的劳动密集型行业,法律意识淡薄、自我约束能力相对较差。于是,不少城市居民认为流动人口素质低下,甚至不少流动人口自认低人一等。由此,流动人口与城市居民失去了交流的基础,影响了流动人口对城市生活的融入。对此,可通过社区对

流动人口进行相关培训，提升流动人口的综合素质，夯实流动人口与城市居民的交流基础，助推流动人口融入城市生活。

第一，要加强城市社区自身能力建设，为流动人口提供服务和支持的前提和保障。城市社区，是聚集在一定区域范围内的城市居民所组成的社会生活共同体。在20世纪80年代我国接受了社区的概念，社区服务开始引入居民生活。2000年11月19日，《中共中央办公厅、国务院办公厅关于转发〈民政部关于在全国推进城市社区建设的意见〉的通知》指出，"推进城市社区建设，是改革开放和社会主义现代化建设的迫切要求。在新的形势下，社会成员固定地从属于一定社会组织的管理体制已被打破，大量'单位人'转为'社会人'，同时大量农村人口涌入城市，社会流动人口增加，加上教育、管理工作存在一些薄弱环节，致使城市社会人口的管理相对滞后，迫切需要建立一种新的社区式管理模式"。随后，社区建设开始在全国推广。但是，随着改革开放的深入，城市社会发生了深刻的变革，人员的流动性越来越大，社区的建设和服务已经难以满足不同居民的需求。2004年10月4日，《中共中央办公厅转发〈中共中央组织部关于进一步加强和改进街道社区党的建设工作的意见〉的通知》指出，"社区群众的物质文化需求日益呈现出多层次、多样化的趋势，迫切需要增强街道、社区党组织的领导、协调功能和街道、社区的服务功能，全面推进社区建设"。2010年8月26日，《中共中央办公厅、国务院办公厅印发〈关于加强和改进城市社区居民委员会建设工作的意见〉》提出，要"以服务居民群众为宗旨，以提高居民文明素质和社会文明程度、促进社区和谐为目标，着力加强和改进社区居民委员会组织建设、队伍建设、制度建设、设施建设"。为了落实中央精神，2011年8月25日，《中共北京市委办公厅、北京市人民政府办公厅印发〈关于全面加强城乡社区居民委员会建设工作的意见〉

的通知》指出，要"密切联系实际，加强分类指导，突出首都特色，推进实践创新，实现社区居民委员会与社区服务站职能分开，定事、定人、定钱，建设一支专业化、高素质的社区工作者队伍，建设一批有中国特色的社会主义新型和谐社区"。但时至今日，京城的社区建设依然存在着不少困难和问题，如社区服务设施薄弱、工作经费难以落实，社区居委会和社区工作站的很多工作人员都是下岗、退休人员以及社区志愿者，职业的社区工作者数量远远满足不了社区服务的需要等。可以说，目前社区的服务体系和服务能力已经落后于北京市的经济和社会发展水平，无论从人员配置还是经费保障上，社区都无法承担服务和支持流动人口的重任。因此，北京市各级政府应当把社区建设工作摆上重要议事日程，帮助解决推进社区建设中存在的人员和经费等问题，提升社区自身的服务和支持能力。

第二，加大政府购买公共服务力度，通过社区对流动人口进行综合素质能力提升培训。2010年《国务院办公厅关于进一步做好农民工培训工作的指导意见》指出，要"把农民工培训工作纳入国民经济和社会发展规划，按照地方政府分级管理，职能部门各负其责，农民工工作协调机制统筹协调的原则，建立相互配合、有序运行的工作机制"。2013年，党的十八届三中全会通过的《中共中央关于全面深化改革若干重大问题的决定》指出，要"加大政府购买公共服务力度"。那么，在社区的人员和经费状况短期内难有明显改善的情况下，借助政府对公共服务的购买，对流动人口进行综合素质能力提升培训，既是必要的，也是可行的。详言之，加强培训，提高流动人口的综合素质和能力，这属于能够增加社会福利的公共服务事项，当然可以纳入政府购买服务的范围。具体可由社区在调研的基础上，提出需要购买的服务事项，在政府研究同意并出资购买所需的服务后，再由社区出面对流动人口进行教育、培训和引导，提高其适应城市生活和工作的能力。关于培训事项主要应包括：其一，职业技能提升。通过对流动人口进行以基础文化和职业技术知识为主要内容的职业能力培训，提升他们的文化知识、劳动能力和职业素养，使他们能够更好地适应城市的工作，促进他们在城市的成长和发展。其二，法律意识养成。通过对流动人口进行以国家和城市政策法规为主要内容的基础法律培训，提升他们的法律知识和法律素养，使他们能够尽快地熟知城市生活和工作的各种规范，自觉地将遵法、守法、用法意识体现在日常的行为之中，使他们能够树立理性、依法解决问题的观念，提高其自我约束和自我保护能力。总之，流动人口离开熟悉的乡土，初到陌生的城市，正处在生活不习惯和工作不适应的阶段。若在此时得到了政府和所处社区的服务和支持，流动人口内心的孤独无靠感自然而然地就会减少。

2. 让流动人口参与社区服务和管理，培养流动人口的城市认同感和归属感，减少流动人口的陌生边缘感。如前文所述，流动人口初到北京，在孤独无靠感的支配下选择了与其他流动人口"抱团取暖"，并尽可能地"封闭"了与城市居民的社会交往。由此，流动人口与城市居民失去了交流的平台，影响了流动人口对城市生活的融入。[1]对此，可通过优化城市社区的运作机制，调动流动人口参与社区服务和管理工作的积极性，搭建流动人口与城市居民的交流平台，助推流动人口融入城市生活。

第一，要对流动人口的社区参与进行宣传和表彰，引导更多

---

〔1〕 有学者在北京某社区做过实地调查，发现目前北京市流动人口对于社区活动的参与程度不是很高，参加过 7 次以上的社区活动的人口中，流动人口仅仅占到 15.8%；而一次也没有参加过社区活动的人口中，流动人口则占到 67.5%。李传军、白旭阳："创新社会管理背景下的流动人口管理——以北京市 X 区为例"，载《天津大学学报（社会科学版）》2014 年第 2 期。

的流动人口参与社区的服务和管理。"参与是社会融入的核心，融入与排斥主要取决于参与的程度"，[1]没有实实在在的参与，仅靠被动的学习和接受，流动人口的城市融入将会是一个漫长而艰难的过程。简言之，参与社区服务和管理是促进流动人口城市融入的一条有效路径。早在 2009 年，北京市就表态积极支持、鼓励流动人口参与社区民主决策、民主管理和民主监督，拓展社区居民自治领域，丰富社区居民自治内容。[2]2012 年 3 月 29 日，北京市民政局等部门更是联合下发了《关于推进城乡社区自治组织全覆盖的指导意见》，在流动人口的社区参与上作出了突破性的规定，主要有：其一，在流动人口聚居区设立社区居民委员会，即 1000 户以上的流动人口聚居区（特指居住一年以上的流动人口占全体居民 20%以上的新建住宅区），应当及时设立社区居民委员会；对于流动人口聚居的村，要积极推行村庄社区化管理。其二，将流动人口正式纳入社区居委会的"管理层"，即在流动人口聚居区，社区居委会可结合实际增设"流动人口管理服务委员会"，即"第七委员会"。[3]随后，流动人口管理服务委员会的建设工作在各社区全面展开，并在流动人口的社区参与方面取得了一定的效果。例如，近年来，北京有数百个社区经居民会议讨论，同意流动人

---

〔1〕　刘建娥："乡-城移民社会融入的实践策略研究：社区融入的视角社会"，载《社会》2010 年第 1 期。

〔2〕　廖雁："北京：支持流动人口参与社区管理"，凤凰网，http://news.ifeng.com/mainland/200911/1119_ 17_ 1443454. shtml，访问日期：2014 年 8 月 30 日。

〔3〕　2011 年《中共北京市委办公厅、北京市人民政府办公厅印发〈关于全面加强城乡社区居民委员会建设工作的意见〉的通知》指出，要"调整社区居民委员会下属委员会设置，设立社会福利、综合治理、人民调解、公共卫生、人口计生、文化共建等 6 个下属委员会。各下属委员会由 3 至 9 人组成，主任由社区居民委员会成员兼任，并配备若干兼职人员。按照各委员会的分工，明确职责，完善工作机制，增强社区居民委员会组织居民开展自治活动和协助基层人民政府或其派出机关加强社会管理、提供公共服务能力"。由此，社区居民委员会设置了 6 个下属委员会。

口参加本社区居民委员会选举。[1]但是，流动人口真正热心参与社区服务和管理以及社区其它活动的相对较少，这在一定程度上与舆论宣传工作的不到位有关，很多社区居民都不知道有此委员会。对此，可通过"线上"和"线下"等多种手段，在流动人口的"生活圈"和"聚居区"宣传流动人口社区参与的各项法规和政策，及其在保护流动人口合法权益方面能够发挥的作用，从而引导更多的流动人口参与到社区的服务和管理活动中去。

　　第二，要进一步优化流动人口的社区参与机制，更好地培养流动人口的城市认同感和归属感。目前，从相关规定与具体实践来看，京城的社区及其所属第七委员会在流动人口管理和服务方面的主要工作职责是：其一，日常事务管理，包括对出租房屋管理、流动人口信息采集更新工作等。其二，专项服务工作，包括计划生育、医疗卫生、子女入学等方面的服务。其三，探索、鼓励和引导流动人口参与社区建设等。从上述服务和管理的内容和运行模式来看，这属于"治安管理拓展型"的"北京模式"的进一步发展，本质上仍是自上而下的行政管理和服务模式，而非完全意义上的扁平化的自治模式。流动人口管理服务委员会，甚至于社区的决策权非常有限，往往要受命于所属基层政府。但是，社区毕竟是自治组织，而非基层政府的下属部门，社区居民（包括流动人口）最清楚所在社区存在的问题，因此，社区的具体活动和事项，如出台相应的社区服务和管理规定，举办相关的文体娱乐活动等，应当由社区居民（包括流动人口）共同协商和决策。只有在这种"去行政化"的自治模式下，流动人口才可能主动参与进来，与大家一起探讨和交流。当然，转变治理模式并不意味

―――――――――

　　〔1〕　北京市民政局："我市积极探索社区流动人口参与社区居委会选举"，北京民政网，http://www.bjmzj.gov.cn/templet/mzj/ShowArticle.jsp? id = 104133&CLASS_ ID = mrmz，访问日期：2014 年 8 月 30 日。

着政府的完全退出，社区运转的资金保障以及发展的总体方向，还需要政府给予支持和指导。总之，流动人口通过参与社区服务和管理，不但自己，还可以帮助身边的流动人口更好地熟悉社区和所在城市，更好地适应未来的生活和工作，养成对城市的认同感和归属感，减少内心的陌生感和边缘感。

综上所述，可以借鉴一些地区摸索出的参与式社区管理成熟经验，在流动人口较多且环境复杂的城乡结合地区，深入稳妥地探索和推行流动人口社区融入计划，使更多的流动人口参加到社区活动中来，提升流动人口的社区融入度，培养流动人口城市认同感和归属感，使其更好地融入城市，这将非常有助于预防和控制流动人口犯罪。

三、通过居住证制减弱流动人口的相对剥夺感

前文已述，流动人口为了追求更加富足的生活从乡村来到北京，但在北京"漂"过一段时间后发现，北京很繁华但却与自己无关，自己通过正常的工作很难缩小与城市居民的生活差距。这使流动人口对相对贫困有了清晰的认知，并在内心产生了强烈的相对受剥夺感，进而导致了流动人口心理失衡，成为所谓的犯罪易感群体。所以，通过居住证制度推进城市公共服务和社会福利由主要对户籍人口提供向对所有常住人口（包括常住流动人口）提供转变，逐步减少流动人口在京城的相对受剥夺感，就成为消解在京流动人口的负面情绪，进而实现北京市流动人口犯罪治理的重要途径。

1. 在北京全面实施居住证制度，必须要借鉴暂住证制度的经验与教训，要重"服务"而不能偏"管理"。

作为一种特殊的人口管理方式，暂住证从产生之日起就备受批判，暂住证制度的存废也一直争论不休。主废论者认为，暂住证管理体制已经不适应社会发展形势，应该果断废除，主要理由

是：暂住证体现了对外来务工人员的歧视，在自己的祖国居住还需要办理"暂住证"，难以理解。主存论者认为，考虑现实国情，现行的暂住证管理体制仍有保留的必要，主要理由是：实行暂住证制度，有利于公安机关打击流动人员违法犯罪行为，取消后不利于社会治安的综合治理。[1] "暂住"，这个词语本身即蕴含着生活的不安定性，这是一座城市对流动人口的定位，体现了这座城市对流动人口的歧视和排斥，在一定程度上凝固着社会的不公。而流动人口作为外来者，只能无力地接受这座城市在他们身上贴着的"标签"，久而久之自己都认为自己低人一等，随之而来的必然是心理上的失衡。这正如很多流动人口所言，"我和家人都在城里生活这么多年了，与老家反而有些陌生，可还是叫'暂住'"！事实上，在2004年《中华人民共和国行政许可法》实施后，暂住证制度就已经失去了存在的合法性，因为，"不办暂住证就不允许在当地居住"，这样的"许可"已经超越了可以设定行政许可事项的范围。从本研究收集到的信息看，截至2014年底，上海、广州、深圳、武汉等大城市都已废止了暂住证，转而全面推行了居住证制度。

在北京，暂住证作为一种人口管理手段，其实早在数年前就已"名存实亡"。详言之，暂住证在北京市流动人口犯罪的控制上曾发挥过重要作用。但随着经济社会的发展进步，暂住证在维护社会治安方面的意义越来越小，合法性也越来越受到各方的质疑。2009年北京市两会期间，市公安局相关领导曾公开表示，"暂住证对于流动人口来说，只起到统计数字和基础资料备案的作用，公安机关正在逐步淡化它的作用"，"外地来京人员如果不想办理暂

---

〔1〕 王大中等：《透视流动人口中的犯罪现象》，中国人民公安大学出版社2006年版，第68~83页。

住证，也不会强迫办理，但暂住证制度主要承载服务功能，比如在医疗、上学、贷款等方面可能会用到暂住证，如果没有暂住证就无法享受这些服务"。[1]然而，由于暂住证过于偏重管理职能，在公共服务的供给上严重不足，持有暂住证的流动人口所能享受到的教育、医疗、住房等社会福利，与户籍人口所能享受到的相去甚远。实践中，甚至还有部门借办理暂住证"搭车收费"。[2]所以，很多流动人口来到北京后不愿意申领暂住证，已经申领的在有效期满后也不愿再换领新的暂住证或办理延期手续。这正如有报道所言，"以自愿为前提的暂住证制度，难以担当'统计数字和基础资料备案的作用'"，"暂住证的存在已属多余"。[3]"作为'暂住证'的替代品，'居住证'如果偏重管理职能，服务功能不足，便难以吸引人们主动办证，'居住证'也只能沦为'暂住证'的翻版"。[4]

2. 在北京全面实施居住证制度，只能实施渐进式的公共服务和社会福利供给，逐步减弱流动人口在京城的相对受剥夺感。

与"暂住"不同，"居住"这个词语本身体现了公民所应有的权利，这是一座城市对流动人口的认可，体现了这座城市对流动人口的尊重、接纳和包容，即流动人口有权利和城市市民一样"居住"在这座城市里。因此，居住证制度在一定程度上能够提升

---

〔1〕　于杰："北京市暂住证目前不会取消 也不会强迫办理"，新华网，http://news. xinhuanet. com/legal/2009-01/12/content_ 10642973. htm，访问日期：2014 年 8 月 20 日。

〔2〕　任一陆、唐宁："办暂住证明 先交 60 元"，载《法制晚报》2014 年 7 月 24 日第 A27 版。

〔3〕　韩涵："暂住证正在失去存在的意义"，载《新京报》2009 年 1 月 13 日第 A03 版。

〔4〕　张梅珠："后暂住证时代北京流动人口管理政策特点及评价"，载《北京社会科学》2013 年第 4 期。

流动人口对城市的认同感。当然，"暂"改"居"，最为关键的不是称呼的转变，而是这种转变到底能够给流动人口带来什么样的"待遇"。只有以居住证为载体，缩小持证流动人口与户籍人口所能享有的公共服务和社会福利的差距，让流动人口真正享受到"市民待遇"，才能减弱流动人口的相对受剥夺感。正因如此，2014年《国务院关于进一步推进户籍制度改革的意见》特别强调了在持证流动人口与户籍人口之间要推进基本公共服务均等化，即"以居住证为载体，建立健全与居住年限等条件相挂钩的基本公共服务提供机制。居住证持有人享有与当地户籍人口同等的劳动就业、基本公共教育、基本医疗卫生服务、计划生育服务、公共文化服务、证照办理服务等权利；以连续居住年限和参加社会保险年限等为条件，逐步享有与当地户籍人口同等的中等职业教育资助、就业扶持、住房保障、养老服务、社会福利、社会救助等权利，同时结合随迁子女在当地连续就学年限等情况，逐步享有随迁子女在当地参加中考和高考的资格。各地要积极创造条件，不断扩大向居住证持有人提供公共服务的范围"。2015年国务院通过的《居住证暂行条例》以法规的形式落实了上述意见，即在第12条规定："居住证持有人在居住地依法享受劳动就业，参加社会保险，缴存、提取和使用住房公积金的权利。县级以上人民政府及其有关部门应当为居住证持有人提供下列基本公共服务：（1）义务教育；（2）基本公共就业服务；（3）基本公共卫生服务和计划生育服务；（4）公共文化体育服务；（5）法律援助和其他法律服务；（6）国家规定的其他基本公共服务。"第14条规定："国务院有关部门、地方各级人民政府及其有关部门应当积极创造条件，逐步扩大为居住证持有人提供公共服务和便利的范围，提高服务标准，并定期向社会公布居住证持有人享受的公共服务和便利的范围。"2016年国务院印发的《国务院办公厅关于印发推动1亿非户籍人口在城市落户方案的通知》又强调了上述意见和规定，指出要"推进居住证制度覆盖全部未落户城镇常住人口。切实保障居住证持有人享有国家规定的各项基本公共服务和办事便利。鼓励地方各级政府根据本地实际不断扩大公共服务范围并提高服务标准，缩小居住证持有人与户籍人口享有的基本公共服务的差距。督促各城市根据《居住证暂行条例》，加快制定实施具体管理办法"。

早在 2014 年，《北京市政府工作报告》就明确提出，要"做好流动人口基础登记办证工作，建设实有人口服务管理全覆盖体系，推行居住证制度"。[1] 为了进一步贯彻落实中央的上述意见和规定，2016 年 5 月 17 日，北京市人民政府发布了《北京市实施〈居住证暂行条例〉办法》，该办法已于 2016 年 10 月 1 日正式实施，目前"暂住证"已被"居住证"所取代。前文已述，"暂"改"居"的称呼转变很重要，但更为重要的是"待遇"的转变。很多具有北京户籍的人口也都是从外地的小城镇或农村迁移而来，只是在他们取得户籍之后，就很快融入了北京的城市生活。究其原因，除了他们自身综合素质较高之外，更为重要的是他们在取得户籍的同时，就享受到了户籍所带来的各种福利待遇，使得他们不会因身份待遇的不同而遭受周围人的歧视，进而很容易建立并扩大自己的朋友圈，并很快地融入这座城市。所以，"待遇"如

---

〔1〕　实际上，北京从 1999 年开始就实行了"北京市工作居住证"，但这主要面向专业人才，办理门槛较高，申请人资格要求：所学专业或岗位属于本市急需专业或岗位，且具备下列条件的人员可申请北京市工作居住证：（1）符合规定条件的申报单位连续聘用满 6 个月以上；（2）具有 2 年以上工作经历并取得学士（含）以上学位或具有中级（含）以上专业技术职称或相当资格、资质；（3）在本市有固定住所；（4）男性不超过 60 周岁，女性不超过 55 周岁。因此，这种居住证对流动人口的覆盖面非常小，且没有与之对接的积分落户制度。参见北京市人力资源和社会保障局：《申请工作居住证办事指南》，北京市人力资源和社会保障局网，http://eservice.beijing.gov.cn/sj/xzfwzy/fwsx/201108/t20110816_ 90113.htm? sjxx = 104046&qxxx = ，访问日期：2014 年 8 月 20 日。

何才是推行居住证制度要解决的核心问题。那么，北京市的居住证持有人究竟能够享受到何种程度的"待遇"？《北京市实施〈居住证暂行条例〉办法》第 3 条规定："《北京市居住证》是来京人员在京居住、作为常住人口享受基本公共服务和便利、通过积分申请登记常住户口的证明。来京人员在京享受基本公共服务和便利，需要证明居住事实的，应当出示其《北京市居住证》；政府及其有关部门为来京人员提供基本公共服务和便利，应当核验来京人员的《北京市居住证》。"第 17 条规定："《北京市居住证》持有人在京依法享受劳动就业，参加社会保险，缴存、提取和使用住房公积金的权利。市、区人民政府及其有关部门应当按照规定为《北京市居住证》持有人提供《居住证暂行条例》第十二条和第十三条规定的基本公共服务和便利，并积极创造条件，逐步扩大提供公共服务和便利的范围，提高服务标准，定期向社会公布《北京市居住证》持有人享受的公共服务和便利的范围。"2016 年 9 月 8 日北京市人民政府发布实施的《北京市人民政府关于进一步推进户籍制度改革的实施意见》指出，"进一步健全基本公共服务体系，不断优化基本公共服务布局，提升基本公共服务保障能力和水平。居住证持有人依法享有劳动就业、参加社会保险、缴存提取和使用住房公积金等权利，按照规定享有义务教育、基本公共就业、基本公共卫生和计划生育、公共文化体育、法律援助等基本公共服务。积极创造条件，稳步扩大居住证持有人享有的公共服务范围，并逐步提高服务标准"。由上述实施办法和实施意见可知，北京市居住证持有人所能享有的公共服务范围到底有多大，比之前暂住证搭载的公共服务有多大程度的提高，目前尚无定论。但要明确的是，受北京市经济和社会发展水平的制约，北京市对公共服务和社会福利的供给能力是非常有限的。因此，即使在北京全面实施居住证制度，对持证流动人口的公共服务和社会福利供给也只能是渐进式的，步子不能迈得太大；否则，北京市的财政状况必然会出现问题，同时也会引起流动人口的极速膨胀，进而超出北京市的综合承载能力。正因如此，国务院的意见、规定和通知以及北京市的实施办法和实施意见多次使用了"逐步""不断"的表述。当然，随着北京市经济与社会发展实力的增强，北京市应逐步扩大对持证流动人口提供公共服务和社会福利的范围，让流动人口真正享受到"完整的市民待遇"。

综上所述，在不同的经济和社会发展阶段，持证流动人口所能享有的公共服务和社会福利范围到底能有多大，"逐步"到底应该怎么走？这需要科学论证前提下的统筹规划，必须与北京的经济社会发展水平相适应，必须要考虑到北京的综合承载能力。即使刚开始，北京市居住证的"含金量"没有别的城市高，可它毕竟使流动人口获得了比先前更多的社会保障，从而有助于减弱流动人口的受剥夺感，对流动人口犯罪的防控具有重要意义。

四、通过积分落户减轻流动人口的歧视排斥感

前文已述，北京市能够提供高质量的社会公共服务，但这主要由户籍人口享有，基本上与流动人口无关；而落户北京需要跨越非常高的"门槛"，流动人口由于自身的学历、技能等限制，在北京落户的希望十分渺茫。这使流动人口内心产生了巨大的压力，并加剧了其内心已有的受歧视感和受排斥感，进而导致流动人口内心沮丧、不满等负面情绪的产生，而这种负面情绪又推动了流动人口犯罪冲动的形成。所以，通过积分落户制度让流动人口能够看到落户的希望，让符合条件的流动人口可以在北京落户，逐步减轻流动人口在京城的受歧视和受排斥感，就成为消解在京流动人口的负面情绪，进而实现北京市流动人口犯罪治理的重要途径。

1. 在北京全面实施积分落户制度，必须要借鉴其他城市的经

验与教训，要重"贡献"而不宜偏"学历"。

所谓积分落户，一般是指通过建立一定的指标体系并赋予各个项目相应的分值，城市外来务工人员可以根据个人的情况和对城市的贡献等，对照指标体系、累积相应得分，当总积分达到城市划定的可以落户的分值时，即可申请办理该城市的常住户口。事实上，早在 2009 年，广东省中山市就开始探索外来公务人员的积分落户制。2010 年 6 月 23 日，广东省人民政府办公厅发布了《关于开展农民工积分制入户城镇工作的指导意见》，开始在全省范围内推行农民工的积分落户制。由此，积分落户制逐步在各大城市推行。对于积分落户制，不少专家给予了较高的评价。例如，有不少专家指出，积分制的实施让以公共服务均等化为目标的户籍管理和社会管理体制改革迈出了重要一步，户籍制的坚冰开始融化，符合积分入户条件的农民工，其配偶和未成年子女也可以随迁，此举为农民工进城解除了后顾之忧；还有专家认为，积分制管理既是人口规模调控方式，又是一种社会规范引导，促进了流动人员自律性的提高，促进了户籍人口和流动人口的和谐共处，增强了流动人员的归属感。[1] 然而，从各大城市实施积分落户制的具体情况来看，在设计指标体系和积分项目时，过于看重学历的价值，这样的积分计算标准体现了对知识的尊重，但却存在着不小的弊端。

详言之，2015 年《上海市居住证积分管理办法》规定，持证人取得大专（高职）学历的积 50 分，大学本科学历的积 60 分，大学本科学历和学士学位的积 90 分，研究生学历学位的积 100 分，博士研究生学历学位的积 110 分。《2015 年深圳市人才引进综合评

---

〔1〕 刘茜等："积分制为农民工城市梦打开一扇门"，载《南方日报》2010 年 8 月 11 日第 A04 版。

价指标及分值表》规定，博士研究生学历的积 100 分，硕士研究生学历的积 90 分，本科学历的积 80 分，大专学历的积 60 分；以大专以上学历积分的，如为普通高等教育全日制学历，加 10 分，同时有学士以上学位的，另加 10 分。2016 年《广州市积分制入户管理办法实施细则》规定，文化程度是高中以下的不积分，中技、中职或高中的积 20 分，大专或高职的积 40 分，本科及以上积 60 分。从上述已实施多年积分落户制的特大城市的最新积分规定来看，学历是权重非常大的积分项，但这却忽视了个人的能力及其对城市的贡献。"学历不等于能力，知识不等于贡献"，对于众多从青年甚至是少年时期就进城务工、但学历较低的流动人口而言，他们可能将一生中最好的年华都贡献给了某座城市，他们对这座城市的发展所作出的贡献，甚至于他们的个人能力，未必比刚走出校门的硕士、博士差。如果简单地将"学历"赋予过高的分值，这实际上是对那些大半辈子在城市务工的流动人口的不公，是对所谓的"低端人口"的歧视和排斥。早在多年前就有调研发现，很多农民工对积分落户政策"失望"或者"不关心"，其中一个重要原因是该项政策对"积分"设置了较高的学历门槛。[1]

2016 年《北京市积分落户管理办法（试行）》第 5 条规定，申请人是大学专科（含高职）的积 10.5 分，大学本科学历并取得学士学位的积 15 分，研究生学历并取得硕士学位的积 26 分，研究生学历并取得博士学位的积 37 分。可见，北京的分值计算标准与上海、广州、深圳等特大城市类似，学历项目的分值要远高于其他项目。但如前文所述，在京流动人口文化水平偏低、主要以初中及以下文化程度为主，这样的分值计算标准实际上浇灭了绝大

---

〔1〕　王烨捷："'积分入户'，难圆农民工的'城市梦'"，载《农村·农业·农民》2012 年第 3 期。

多数流动人口在北京落户的希望。这会使流动人口内心进一步失衡，进而在内心产生沮丧、不满等负面情绪。显然，这无益于对流动人口犯罪的预防和控制。与其他特大城市不同，北京是首次制定积分落户管理办法，建议北京在未来修改完善积分落户指标体系时，能够将务工和居住年限、对城市的贡献等因素上升到至少与学历同等的地位。正如有学者所言，"学历可作为一个条件，但不能给予过高的权重，北京目前少不了低端劳动力和低端人口，一个社会不可能完全由精英组成"。[1] 总之，让更多的流动人口享有平等落户的机会，可以逐步减弱流动人口在京城的受歧视感和受排斥感，更有利于对流动人口犯罪的防控。

2. 在北京全面实施积分落户制度，只能实施渐进式的积分落户指标供给，逐步减弱流动人口在京城的受歧视感和受排斥感。

从上海、广州、深圳等特大城市的具体实施情况看，通过积分落户制进一步拓宽外来务工人员的落户途径，对于推动迟滞的户籍制度改革、打破户籍制度壁垒，有重要的现实意义。自 2014年开始，中央多部文件和法规提出了要在特大城市"建立完善积分落户制度"。2014 年中共中央、国务院印发的《国家新型城镇化规划（2014-2020 年）》指出，"特大城市可采取积分制等方式设置阶梯式落户通道调控落户规模和节奏"。2014 年《国务院关于进一步推进户籍制度改革的意见》指出，"严格控制特大城市人口规模。改进城区人口 500 万以上的城市现行落户政策，建立完善积分落户制度。根据综合承载能力和经济社会发展需要，以具有合法稳定就业和合法稳定住所（含租赁）、参加城镇社会保险年限、连续居住年限等为主要指标，合理设置积分分值。按照总量控制、

---

[1] 张璐："积分落户学历权重不应过高"，载《北京晨报》2014 年 12 月 5 日第A10 版。

公开透明、有序办理、公平公正的原则，达到规定分值的流动人口本人及其共同居住生活的配偶、未成年子女、父母等，可以在当地申请登记常住户口"。2015 年国务院《居住证暂行条例》以法规的形式落实了上述规划和意见，即在第 16 条规定："城区人口 500 万以上的特大城市和超大城市应当根据城市综合承载能力和经济社会发展需要，以具有合法稳定就业和合法稳定住所、参加城镇社会保险年限、连续居住年限等为主要指标，建立完善积分落户制度"。2016 年《国务院关于深入推进新型城镇化建设的若干意见》又强调了上述规划、意见和规定，指出要"加快调整完善超大城市和特大城市落户政策，根据城市综合承载能力和功能定位，区分主城区、郊区、新区等区域，分类制定落户政策；以具有合法稳定就业和合法稳定住所（含租赁）、参加城镇社会保险年限、连续居住年限等为主要指标，建立完善积分落户制度，重点解决符合条件的普通劳动者的落户问题"。

前文已述，2014 年《北京市政府工作报告》明确提出要"推行居住证制度"；2015 年《北京市政府工作报告》又明确提出要"出台居住证制度，研究制定积分落户政策"。为了进一步贯彻落实中央的上述意见和规定，2016 年《北京市实施〈居住证暂行条例〉办法》第 18 条规定："本市按照国家要求根据城市综合承载能力和经济社会发展需要，以具有合法稳定就业和合法稳定住所、参加城镇社会保险年限、连续居住年限等为主要指标，建立积分落户制度。"2016 年 8 月 11 日，北京市人民政府办公厅印发的《北京市积分落户管理办法（试行）》第 2 条规定："本办法所称积分落户是通过建立指标体系，对每项指标赋予一定分值，总积分达到规定分值的申请人，可申请办理本市常住户口。"第 3 条规定："坚持公平公正、总量控制、存量优先、有序推进的原则，稳步实施积分落户政策。"第 8 条规定："市政府根据年度人口调控情况，每年向社会公布积分落户分值。市有关部门根据申请人积分情况和落户分值，初步确定年度积分落户人员，并将其积分情况向社会公示。公示通过后，申请人可按相关规定办理本市常住户口。"

由上述实施办法和管理办法可知，北京市的落户分值是多少，每年积分落户指标总量有多大，尚未可知。但是，2016 年《北京市国民经济和社会发展第十三个五年规划纲要》和 2016 年《北京市人民政府关于进一步推进户籍制度改革的实施意见》均指出，"到 2020 年，全市常住人口总量控制在 2300 万人以内"。而在2015 年末，北京市常住人口已经达到 2170.5 万人。同时考虑到，每年的落户指标大部分都直接分配给了中央以及北京市所属的国家机关和国有企事业单位等。因此，北京每年能够拿出的积分落户指标不会很多，当然，也不能太多。详言之，一方面，北京集中了全国最优质的教育、医疗等资源，对流动人口有着无与伦比的吸引力；另一方面，北京的综合承载能力如资源环境、财政状况等有限，因而其承载人口的能力也是有限的。因此，为了不引起人口的极速膨胀，进而引发新的社会问题，北京市对每年积分落户指标总量必须严格控制，只能是渐进式的供给；否则，北京的公共安全都有可能会出现问题。[1]正因如此，无论是中央的文件还是北京市的规定均使用了"根据城市综合承载能力和经济社会发展需要""总量控制""稳步实施"的表述。

综上所述，尽管每年能够预留的积分落户指标要受制于北京的综合承载能力和经济发展实力，未来数年能够通过积分落户北

---

[1] 广东省中山市曾经测算过，每增加一个外来务工人员入户，公共财政每年需多支出一万元，这还不包括城市容量增加后各项基础设施的投入。在中山就读、借读的义务教育阶段的学生总数约为 16 万，如果积分制入户后全部解决这些学生的义务教育问题，中山市政府每年将增加投入约 10 亿元。放开 165 万外来人口入户，中山市目前根本无力承受。从某种意义上说，经济实力直接决定了中山市"积分制入户"的进度与规模。李刚："'积分制'圆了城市梦"，载《人民日报》2013 年 1 月 6 日第 11 版。

京的流动人口数量可能不会太多，但在落户北京的通道变得越来越窄之时，[1]积分落户制毕竟为流动人口开辟了一条新的通道，使得他们可以在相对公平的平台上，依靠自己的努力工作和对社会的贡献去争取落户。这有助于减弱流动人口的受歧视感和受排斥感，对流动人口犯罪的防控具有重要意义。

第三节　小结：北京市流动人口犯罪治理模式选择

当前，北京市流动人口犯罪呈高发态势，这是内外多重致罪因素综合作用的结果。因此，北京市流动人口犯罪的治理必须从消除内外致罪因素着手，坚持多方参与、共同治理。

第一，社会致罪因素治理：尽快强化社会控制。其一，要强化北京市公安机关和司法机关对流动人口犯罪的控制力。具体而言：一方面，提高街面见警率，有助于降低犯罪率，因而公安机关可以通过绘制更为详细的犯罪地图，进一步优化警力配置、提高重点街道、社区、村落等的见警率，更有效地预防和控制流动人口犯罪的发生。另一方面，适用社区矫正，有助于降低再犯率，因而司法机关可以通过进一步贯彻宽严相济刑事政策，进一步提升对流动人口犯罪人员的社区矫正适用率，更有效地预防和控制流动人口犯罪的发生。其二，要强化北京市基层组织和用人单位对流动人口犯罪的控制力。具体而言：一方面，落实"以房管人"，掌控流动人口信息，控制流动人口犯罪。这需要进一步理顺基层管理服务站的组织体制，完善基层管理服务站的工作机制，改进基层管理服务站的服务工作，落实北京房屋出租管理的政策

---

〔1〕　王姝："落户北京通道变窄"，载《新京报》2014年3月20日第8版。

法规。另一方面，改进"以业控人"，调控流动人口规模，控制流动人口犯罪。这需要明确"以业控人"不是"以户籍控人"，而是"以产业控人"，要使用"经济手段"而不是"行政手段"调控流动人口规模。

第二，个体致罪因素治理：逐步消解负面情绪。其一，帮助流动人口尽可能融入北京，避免流动人口的心理失衡。具体而言：一方面，通过社区融入计划，调和"乡"与"城"秩序的冲突，帮助流动人口融入京城的生活，尽量减少流动人口在京城的孤独无靠感和陌生边缘感。另一方面，要以居住证为载体，在上面搭载比暂住证更多的公共服务和社会福利，渐进式地缩小流动人口与城市居民的"待遇"差距，逐步减弱在京流动人口的相对受剥夺感。由此，可以调节流动人口内心的巨大压力和心理失衡。其二，逐步破除融入北京的制度壁垒，化解流动人口的沮丧不满。具体而言：一方面，通过居住证制度，撕下附着在流动人口身上的"标签"，渐进式地推进基本公共服务均等化，让在京流动人口真正享受到"市民待遇"，逐步减轻流动人口在京城的受歧视感。另一方面，通过积分落户制度，让流动人口能够看到落户的希望，让符合条件的流动人口可以在京城落户，逐步减轻流动人口在京城的受排斥感。由此，可以逐步消解流动人口内心的负面情绪。

第三，犯罪治理模式选择：多方参与共同治理。犯罪是一种在任何社会都存在的现象，为了建构一定的社会秩序，每个社会都会选择不同的模式来治理犯罪。在西方，公众普遍认为过度依赖警察等国家暴力机构的单一犯罪治理模式存在缺陷且效果不好，因而渴望设计一种不同的犯罪预防警务模式，并采用更为积极主动的犯罪治理方式。所以，在过去的几十年里，无论是在理论上还是在实践中，西方各国对犯罪治理的社会参与越来越感兴趣，

发展了社区警务、重建羞耻、社会支持、邻里守望和市民圈制度
等。[1]与西方不同，我国具有重"德"的传统。春秋时期，孔子
提出"为政以德，譬如北辰，居其所而众星共之"。[2]自此之后，
历朝历代继承了孔子"为政以德"的主张，并将其发展为儒家的
"以德治国"，对不道德者进行道德说教。新中国成立之初，我国
是一个较为落后的农业国，为了减轻城市的人口和就业压力，国
家对城乡人口的自由流动进行了严格限制。因而无论是乡村的人
民公社还是城市的单位制居住区，都只是家庭的延伸，人们彼此
之间非常熟悉，有着相同的文化背景和一致的道德观、价值观、
羞耻观。可以说，当时较低的犯罪率与社会的道德控制有很大关
系。改革开放后，农村居民开始大量进入城市打工，乡城之间的
人口流动规模日益膨胀，熟人社会逐步为陌生人社会所代替，原
有的社会结构发生了剧烈的变动，道德对人们行为的约束力越来
越小，家庭、邻里、社区、单位等社会组织对犯罪的控制力不断
减弱，犯罪开始大量增长。所以，在过去的几十年里，我国对犯
罪的治理越来越依赖警察等国家暴力机关，但实际效果却较为有
限，特别是城市的流动人口犯罪问题日益严重。2014 年，李克强
总理在《政府工作报告》中提出，"推进社会治理创新。注重运用
法治方式，实行多元主体共同治理。健全村务公开、居务公开和
民主管理制度，更好发挥社会组织在公共服务和社会治理中的作

---

[1]　Francis T. Cullen, "Social Support as an Organizing Concept for Criminology: Presidential Address to the Academy of Criminal Justice Sciences", *Justice Quarterly*, Vol. 11, No. 4 (1994), p. 527. Edward E Rhine, J. R. Mathews, L. A. Sampson, H. Daley, "Citizens' Circles: Community Collaboration in Re-entry", *Corrections Today*, Vol. 65, No. 5 (2003), p. 52. Shanhe Jiang, Eric Lambert, Jin Wang, "Correlates of Formal and Informal Social/Crime Control in China: An Exploratory Study", *Journal of Criminal Justice*, Vol. 35, No. 3 (2007), p. 261.

[2]　《论语·为政》。

用"。犯罪治理是社会治理的重要方面，社会治理需要多元共治，犯罪治理也需社会参与。就北京市流动人口犯罪的治理模式而言，需要政府和社会多方参与、共同治理。

结　论

　　流动人口犯罪问题已经成为阻碍北京市经济和社会良性发展的一个严重社会问题。正确认识北京市流动人口犯罪的发生现状，准确分析北京市流动人口犯罪的结构特征，谨慎预测北京市流动人口犯罪的发展趋势，深入探寻北京市流动人口犯罪的发生机制，科学拟定北京市流动人口犯罪的治理措施，有效预防和控制北京市流动人口犯罪的发生，对构建社会主义和谐社会的首善之区具有十分重要的意义。本课题即围绕上述问题进行了探索，现将研究结论归纳如下：

　　1. 北京市流动人口犯罪的特征趋势。在未来一段时期，北京市的流动人口犯罪数量仍将处于高位运行，而且在结构特征上可能会有一些新的变化趋势，需要未雨绸缪，加强防控。

　　第一，北京市流动人口犯罪的主体结构趋于复杂化。虽然目前处于青壮年期的农民工仍是北京市流动人口犯罪人员的主要组成部分（超过六成），但流动人口犯罪主体结构的复杂化趋势非常明显，高层次、高学历、高智商甚至是高年龄的流动人口犯罪人员的数量及所占的比例不断增加，这在客观上给流动人口犯罪的防控工作增加了难度。

第二，北京市流动人口犯罪的具体类型趋于分散化。虽然目前侵财类犯罪仍是北京市流动人口犯罪的主要类型（超过四成），但北京市流动人口犯罪类型分散化和多元化趋势非常明显，危害公共安全罪、侵犯公民人身权利、民主权利罪和妨害社会管理秩序罪大有迎头赶上侵财类犯罪之势，这在客观上给流动人口犯罪的防控工作增加了难度。

第三，北京市流动人口犯罪的组织形式趋于职业化。虽然目前单独犯罪仍是北京市流动人口犯罪的主要类型，但北京市流动人口犯罪中共犯情形较多（三到四成），且职业化趋势非常明显，有犯罪前科的也不在少数，这在客观上给流动人口犯罪的防控工作增加了难度。

2. 北京市流动人口犯罪的发生机制。犯罪不会凭空而生，北京市流动人口犯罪数量长期处于高位运行，是外在社会致罪因素与内在个体致罪因素综合作用的结果。

第一，外在社会致罪因素：社会控制相对弱化。社会控制，是指社会对犯罪等越轨行为的禁止、限制与制裁。近年来，北京市流动人口犯罪问题愈演愈烈，这与北京市社会控制的弱化有关。其一，正式的社会控制弱化。对犯罪最强有力的控制方式是公安和司法机关的正式控制。但是，面对日趋严重的流动人口犯罪问题，北京市公安和司法机关的犯罪控制力量却相对减弱，具体而言：一方面，北京市公安和司法机关的犯罪控制力量未能得到有效保障，新案积案多和人员经费少的矛盾突出；另一方面，北京市公安和司法机关的犯罪控制方向出现偏差，过度地将控制流动人口犯罪的希望寄托在重刑之上，浪费了宝贵的司法资源且效果有限。其二，非正式的社会控制弱化。对犯罪最直接有效的控制方式是基层组织和用人单位的非正式控制。但是，面对日趋严重的流动人口犯罪问题，北京市基层组织和用人单位控制犯罪的功能未能完全发挥，具体而言：一方面，通过基层组织掌控流动人口流动状态，进而控制流动人口犯罪的主要手段——"以房管人"落实困难；另一方面，通过用人单位调控流动人口规模，进而控制流动人口犯罪的重要方法——"以业控人"遭受质疑。

第二，内在个体致罪因素：负面情绪影响推动。行为人心底的负面情绪会推动行为人犯罪冲动的形成。近年来，北京市流动人口犯罪问题愈演愈烈，这与在京流动人口内心的失衡以及沮丧、不满等负面情绪的产生有关。其一，渴望却难以融入北京致使部分流动人口心理失衡。具体而言：一方面，流动人口从贫穷的乡村走进繁华的北京之后，非常渴望留在北京、融入北京，成为北京市民的一员，实现心中的"城市梦"。另一方面，流动人口初到北京，"乡"与"城"秩序的冲突致其难以融入京城生活，这使其内心产生了孤独无靠感和陌生边缘感；流动人口在"漂"过一段时间后发现，通过正常的工作很难缩小自己与城市居民的生活差距，这使其对相对贫困有了清晰的认知，并在内心产生了强烈的相对受剥夺感。由此，流动人口内心出现了失衡。其二，融入北京的制度壁垒导致部分流动人口沮丧不满。具体而言：一方面，落户北京需要跨越非常高的"门槛"，绝大部分流动人口由于自身的学历、技能等限制，加之落户指标的有限，即使倍加努力工作，在北京落户的希望也十分渺茫。另一方面，北京户籍有非常高的"附加值"，这就造成了社会公共资源在户籍人口和流动人口之间分配的不均，这会使流动人口在日常生活方面遭遇更多的困难和挫折，使流动人口内心产生巨大的压力并加剧其内心已有的受歧视感和受排斥感，进而导致流动人口内心沮丧、不满等负面情绪的产生，而这种负面情绪又推动了流动人口犯罪冲动的形成。

第三，犯罪发生机制分析：内外因素综合作用。北京市流动人口犯罪的发生，是内外致罪因素综合作用的结果，具体而言：流动人口向往城市生活、渴望实现城市梦想，但在现有的城乡二元户籍结构之下，对于绝大多数流动人口而言，通过合法手段获取物质上的成功，进而实现自己心中"城市梦"的机会十分渺茫。这种梦想与现实的差距，使流动人口内心产生了巨大的压力以及沮丧、不满等负面情绪，进而对当前的社会规范产生了广泛的不认同，部分流动人口甚至在内心产生了犯罪的冲动，越来越可能通过犯罪手段去获取物质上的成功、追寻心中的城市梦想。而近年来的北京正处在经济社会发展与转型的特殊时期，在疏解非首都功能和调控流动人口规模的过程中，影响社会治安的不安定因素有所增多，导致了北京市的社会控制力量相对减弱，这就为流动人口犯罪的发生提供了外部的机会，同时对潜在犯罪人犯罪意志的形成也起到了一定的激发作用。正是在这种内外致罪因素相互作用的情境下，在京的部分流动人口选择实施了犯罪行为。

3. 北京市流动人口犯罪的治理模式。当前，北京市流动人口犯罪呈高发态势，这是内外多重致罪因素综合作用的结果。因此，北京市流动人口犯罪的治理必须从消除内外致罪因素着手，坚持多方参与、共同治理。

第一，社会致罪因素治理：尽快强化社会控制。其一，要强化北京市公安机关和司法机关对流动人口犯罪的控制力。具体而言：一方面，提高街面见警率，有助于降低犯罪率，因而公安机关可以通过绘制更为详细的犯罪地图，进一步优化警力配置、提高重点街道、社区、村落等的见警率，更有效地预防和控制流动人口犯罪的发生。另一方面，适用社区矫正，有助于降低再犯率，因而司法机关可以通过进一步贯彻宽严相济刑事政策，进一步提升对流动人口犯罪人员的社区矫正适用率，更有效地预防和控制流动人口犯罪的发生。其二，要强化北京市基层组织和用人单位对流动人口犯罪的控制力。具体而言：一方面，落实"以房管人"，掌控流动人口信息，控制流动人口犯罪。这需要进一步理顺基层管理服务站的组织体制，完善基层管理服务站的工作机制，改进基层管理服务站的服务工作，落实北京市房屋出租管理的政策法规。另一方面，改进"以业控人"，调控流动人口规模，控制流动人口犯罪。这需要明确"以业控人"不是"以户籍控人"而是"以产业控人"，要使用"经济手段"而不是"行政手段"调控流动人口规模。

第二，个体致罪因素治理：逐步消解负面情绪。其一，帮助流动人口尽可能融入北京，避免流动人口的心理失衡。具体而言：一方面，通过社区融入计划，调和"乡"与"城"秩序的冲突，帮助流动人口融入京城的生活，尽量减少流动人口在京城的孤独无靠感和陌生边缘感。另一方面，要以居住证为载体，在上面搭载比暂住证更多的公共服务和社会福利，渐进式地缩小流动人口与城市居民的"待遇"差距，逐步减弱在京流动人口的相对受剥夺感。由此可以调节流动人口内心的巨大压力和心理失衡。其二，逐步破除融入北京的制度壁垒，化解流动人口的沮丧不满。具体而言：一方面，通过居住证制度，撕下附着在流动人口身上的"标签"，渐进式地推进基本公共服务均等化，让在京流动人口真正享受到"市民待遇"，逐步减轻流动人口在京城的受歧视感。另一方面，通过积分落户制度，让流动人口能够看到落户的希望，让符合条件的流动人口可以在京城落户，逐步减轻流动人口在京城的受排斥感。由此可以逐步消解流动人口内心的负面情绪。

第三，犯罪治理模式选择：多方参与共同治理。犯罪是一种在任何社会都存在的现象，为了建构一定的社会秩序，每个社会都会选择不同的模式来治理犯罪。新中国成立之初，我国是一个较为落后的农业国，为了减轻城市的人口和就业压力，国家对城乡人口的自由流动进行了严格限制。因而无论是乡村的人民公社还是城市的单位制居住区，都只是家庭的延伸。人们彼此之间非常熟悉，有着相同的文化背景和一致的道德观、价值观、羞耻观。可以说，当时较低的犯罪率与社会的道德控制有很大关系。改革开放后，农村居民开始大量进入城市打工，乡城之间的人口流动规模日益膨胀，熟人社会逐步为陌生人社会所代替，原有的社会结构发生了剧烈的变动，道德对人们行为的约束力越来越小，家庭、邻里、社区、单位等社会组织对犯罪的控制不断减弱，犯罪开始大量增长。所以，在过去的几十年里，我国对犯罪的治理越来越依赖警察等国家暴力机关，但实际效果却较为有限，特别是城市的流动人口犯罪问题日益严重。犯罪治理是社会治理的重要方面，社会治理需要多元共治，犯罪治理也需社会参与。就北京市流动人口犯罪的治理模式而言，需要政府和社会多方参与、共同治理。

总之，流动人口犯罪问题，说到底是人们日益增长的物质文化需要同落后的社会生产力之间的矛盾在现阶段的客观反映，是我国工业化、城市化和现代化进程中不可避免要付出的代价。长远来看，要彻底解决流动人口犯罪问题，就要全力推进城乡一体化建设，促进全国经济社会的协调发展。

参考文献

一、中文文献

(一) 著作

1. 严景耀：《中国的犯罪问题与社会变迁的关系》，北京大学出版社 1986 年版。

2. 朱景文：《现代西方法社会学》，法律出版社 1994 年版。

3. 马克昌主编：《近代西方刑法学说史略》，中国检察出版社 1996 年版。

4. 费孝通：《乡土中国 生育制度》，北京大学出版社 1998 年版。

5. 罗大华主编：《犯罪心理学》，中国政法大学出版社 1999 年版。

6. 麻国安：《中国的流动人口与犯罪》，中国方正出版社 2000 年版。

7. 王智民等：《当前中国流动人口犯罪研究》，中国人民公安大学出版社 2002 年版。

8. 许发民：《刑法的社会学分析》，法律出版社 2003 年版。

9. 田炳信：《中国第一证件：中国户籍制度调查手稿》，广东人民出版社 2003 年版。

10. 皮艺军主编：《越轨社会学概论》，中国政法大学出版社 2004 年版。

11. 周路主编：《当代实证犯罪学新编犯罪规律研究》，人民法院出版社 2004 年版。

12. 王学泰：《游民文化与中国社会修订版》，山西人民出版社 2004 年版。

13. 翟中东：《犯罪控制：动态平衡论的见解》，中国政法大学出版社 2004 年版。

14. 王大中等：《透视流动人口中的犯罪现象》，中国人民公安大学出版社 2006 年版。

15. 胡联：《转型与犯罪——中国转型期犯罪问题的实证研究》，中共中央党校出版社 2006 年版。

16. 朱力：《变迁之痛：转型期的社会失范研究》，社会科学文献出版社 2006 年版。

17. 吴宗宪：《西方犯罪学》（第 2 版），法律出版社 2006 年版。

18. 李锡海：《文化与犯罪研究》，中国人民公安大学出版社 2006 年版。

19. 张小虎主编：《犯罪学研究》，中国人民大学出版社 2007 年版。

20. 舒扬、彭澎等：《动态环境下的治安防范与控制——以广州为分析典型》，中央编译出版社 2007 年版。

21. 李若建、闫志刚等：《走向有序：地方性外来人口管理法规研究》，社会科学文献出版社 2007 年版。

22. 许章润：《犯罪学》，法律出版社 2007 年版。

23. 刘广三：《犯罪控制视野下的刑事诉讼》，中国人民公安大学出版社 2007 年版。

24. 严励主编：《刑事司法与犯罪控制的新发展》，中国法制出版社 2007 年版。

25. 梁根林：《合理地组织对犯罪的反应》，北京大学出版社 2008 年版。

26. 魏平雄、赵宝成、王顺安主编：《犯罪学教科书》，中国政法大学出版社 2008 年版。

27. 曹立群、任昕主编：《犯罪学》，中国人民大学出版社 2008 年版。

28. 吴鹏森：《犯罪社会学》，社会科学文献出版社 2008 年版。

29. 章友德主编：《犯罪社会学理论与转型期的犯罪问题研究》，广西师范大学出版社 2008 年版。

30. 郭成伟主编：《社会控制：以礼为主导的综合治理》，中国政法大学出版社 2008 年版。

31. 刘建清：《犯罪动机与人格》，中国政法大学出版社 2009 年版。

32. 张小虎：《当代中国社会结构与犯罪》，群众出版社 2009 年版。

33. 张展新、侯亚非等：《城市社区中的流动人口：北京等 6 城市调查》，社会科学文献出版社 2009 年版。

34. 胡虎林主编：《流动人口法制：现状及其完善》，浙江大学出版社 2009 年版。

35. 张荆：《现代社会的文化冲突与犯罪》，知识产权出版社 2009 年版。

36. 李锡海：《现代化与犯罪研究》，中国人民公安大学出版社 2009 年版。

37. 严浩仁、陈鹏忠、孔一：《中国农村低收入人群和贫困群体犯罪问题研究》，浙江工商大学出版社 2009 年版。

38. 侯佳伟：《北京市流动人口聚集地：趋势、模式与影响因素》，光明日报出版社 2010 年版。

39. 吴宗宪：《西方犯罪学史》，中国人民公安大学出版社 2010 年版。

40. 单勇：《犯罪的文化研究：从文化的规范性出发》，法律出版社 2010 年版。

41. 沈千帆主编：《北京市流动人口的社会融入研究》，北京大学出版社 2011 年版。

42. 朱孝清、莫洪宪、黄京平主编：《社会管理创新与刑法变革（上下中国刑法学年会文集 2011 年度）》，中国人民公安大学出版社 2011 年版。

43. 张远煌、吴宗宪等：《犯罪学专题研究》，北京师范大学出版社 2011 年版。

44. 郭星华等：《漂泊与寻根：流动人口的社会认同研究》，中国人民大学出版社 2011 年版。

45. 王学泰：《中国游民文化小史》，学习出版社 2011 年版。

46. 徐显明主编：《法治发展与社会管理创新（中国法学会法理学研究会 2011 年年会论文集）》，法律出版社 2012 年版。

47. 刘刚、李梅琴、杨述新：《新疆兵团流动人口及犯罪研究》，新疆生产建设兵团出版社 2012 年版。

48. 张晓梅、屈耀伦：《中国流动人口犯罪问题研究》，甘肃人民出版社 2012 年版。

49. 刘守芬等：《刑法文化与犯罪预防控制的研究》，中国人民大学出版社 2012 年版。

50. 张爽：《有组织犯罪文化研究》，中国人民公安大学出版社 2012 年版。

51. 岳平：《当代中国犯罪学的知识社会学研究》，中国法制出版社 2012 年版。

52. 王发曾：《城市犯罪空间》，东南大学出版社 2012 年版。

53. 王发曾主编：《城市犯罪空间盲区分析与综合治理》，商务印书馆 2012 年版。

54. 刘晓梅主编：《城市犯罪及其防控研究：基于天津市的调查》，天津社会科学院出版社 2012 年版。

55. 焦俊峰：《犯罪控制模式研究》，中国人民公安大学出版社 2012 年版。

56. 马兵：《犯罪防范控制纲要》，群众出版社 2012 年版。

57. 孔一：《犯罪及其治理实证研究》，法律出版社 2012 年版。

58. 郑杭生主编：《社会学概论新修》，中国人民大学出版社 2013 年版。

59. 杨靖：《犯罪治理——犯罪学经典理论与中国犯罪问题研究》，厦门大学出版社 2013 年版。

60. 张远煌、吴宗宪主编：《犯罪学通论》，北京师范大学出版社 2013 年版。

61. 吴鹏森、章友德主编：《城市犯罪与基层治理》，社会科学文献出版社 2013 年版。

62. 吴鹏森、章友德主编：《城市化、犯罪与社会管理》，社会科学文献出版社 2013 年版。

63. 熊海燕：《城市犯罪与社会解组——基于广州三个社区的比较研究》，群众出版社 2013 年版。

64. 刘德法主编：《社会转型期犯罪控制研究》，郑州大学出版社 2013 年版。

65. 金三林：《人口倒挂地区社会管理研究》，中国发展出版社 2013 年版。

66. 李先波、李琴：《自然人流动法律规制研究》，法律出版社 2013 年版。

67. 耿明斋等：《人口流动、制度壁垒与新型城镇化：基于实地调查的报告》，社会科学文献出版社 2013 年版。

68. 李铁、范毅等：《我国城市流动人口和北京市人口问题研究》，中国发展出版社 2013 年版。

69. 酒曙光、张涛主编：《中国梦与当代青少年发展研究报告——第九届中国青少年发展论坛（2013）优秀论文集》，天津社会科学院出版社 2014 年版。

70. 白建军：《关系犯罪学》，中国人民大学出版社 2014 年版。

71. 夏玉珍主编：《犯罪社会学》，华中科技大学出版社 2014 年版。

72. 金小红：《城市流动青少年犯罪的社会学研究》，华中科技大学出版社 2014 年版。

73. 张凌、袁林主编：《国家治理现代化与犯罪防控：中国犯罪学学会年会论文集（2014 年）》，中国检察出版社 2014 年版。

74. 高春凤：《融入视角下流动人口城市社区管理体制》，知识产权出版社 2014 年版。

75. 许传玺、张真理主编：《北京市流动人口服务与管理法律问题研究》，中国社会科学出版社 2014 年版。

76. 陈绍斌：《涉罪流动人员取保候审实务》，法律出版社 2014 年版。

77. 于君刚：《犯罪、社会化及其预防论纲》，中国政法大学出版社 2014 年版。

78. 吴增基、吴鹏森、苏振芳主编：《现代社会学》，上海人民出版社 2014 年版。

79. 马立骥、姚峰：《犯罪心理学：理论与实务》，浙江大学出版社 2015 年版。

80. 张远煌主编：《犯罪学》，中国人民大学出版社 2015 年版。

81. 卢建平主编：《中国犯罪治理研究报告》，清华大学出版社 2015 年版。

82. 辛科主编：《犯罪学》，法律出版社 2015 年版。

83. 熊海燕：《社会犯罪学的原因理论》，知识产权出版社 2015 年版。

84. 刘建清：《犯罪心理探微》，中国政法大学出版社 2015 年版。

85. 杨玲丽：《消费与犯罪》，复旦大学出版社 2015 年版。

86. 于阳：《城市青少年犯罪防控比较研究 基于英美国家的理论》，天津社会科学院出版社 2015 年版。

87. 王慧博主编：《白领犯罪与社会控制》，复旦大学出版社 2015 年版。

88. 文军、吴鹏森主编：《中国城市底层群体研究》，复旦大学出版社 2015 年版。

89. 张凌、陈辐宽、严励主编：《犯罪防控与法治中国建设——中国犯罪学学会年会论文集（2015 年）》，中国检察出版社 2015 年版。

90. 陈丰：《城市化进程中流动人口服务管理创新研究》，华东理工大学出版社，2015 年版。

91. 罗大华、何为民主编：《犯罪心理学》，中国政法大学出版社 2016 年版。

92. 王牧主编：《新犯罪学》，高等教育出版社 2016 年版。

93. 尹德挺：《流动浪潮下的人口有序管理》，中国社会科学出版社 2016 年版。

94. ［美］罗斯科·庞德：《通过法律的社会控制》，沈宗灵等译，商务印书馆 1984 年版。

95. ［美］E. A. 罗斯：《社会控制》，秦志勇、毛永政译，华夏出版社 1989 年版。

96. ［美］塞缪尔·P. 亨廷顿：《变动社会的政治秩序》，张岱云等译，上海译文出版社 1989 年版。

97. ［意］贝卡里亚：《论犯罪与刑罚》，黄风译，中国大百科全书出版社 1993 年版。

98. ［法］埃米尔·迪尔凯姆：《自杀论》，冯韵文译，商务印书馆 1996 年版。

99. ［美］E. 博登海默：《法理学：法律哲学与法律方法》，邓正来译，中国政法大学出版社 1999 年版。

100. ［法］埃米尔·涂尔干：《社会分工论》，渠东译，生活·读书·新知三联书店 2000 年版。

101. ［美］路易丝·谢利：《犯罪与现代化——工业化与城市化对犯罪的影响》，何秉松译，中信出版社 2002 年版。

102. ［英］布罗尼斯拉夫·马林诺夫斯基、［美］索尔斯坦·塞林：《犯罪：社会与文化》，徐章润、么志龙译，广西师范大学出版社 2003 年版。

103. ［美］约翰·列维斯·齐林：《犯罪学及刑罚学》，查良鉴译，中国政法大学出版社 2003 年版。

104. ［英］彼得·斯坦、约翰·香德：《西方社会的法律价值》，王献平译，中国法制出版社 2004 年版。

105. ［美］唐纳德·J. 布莱克：《法律的运作行为》，唐越、苏力译，中国政法大学出版社 2004 年版。

106. ［英］恩里科·菲利：《犯罪社会学》，郭建安译，中国人民公安大学出版社 2004 年版。

107. ［英］韦恩·莫里森：《理论犯罪学——从现代到后现代》，刘仁文、吴宗宪、徐雨衡、周振杰译，法律出版社 2004 年版。

108. ［美］乔治·B. 沃尔德、托马斯·J. 伯纳德、杰弗里·B. 斯奈普斯：《理论犯罪学》，方鹏译，中国政法大学出版社 2005 年版。

109. ［美］罗伯特·K. 默顿：《社会理论和社会结构》，唐少杰等译，译林出版社 2006 年版。

110. ［美］乔森纳·H. 特纳：《社会学理论的结构》，邱泽奇、张茂元等译，华夏出版社 2006 年版。

111. ［美］劳伦斯·纽曼：《社会研究方法：定性和定量的取向》，郝大海译，中国人民大学出版社 2007 年版。

112. ［美］戴维·波普诺：《社会学》，李强等译，中国人民大学出版社 2007 年版。

113. ［英］安东尼·吉登斯：《社会学》，李康译，北京大学出版社 2009 年版。

114. ［美］罗纳德·J. 博格、小马文·D. 弗瑞、帕特里克亚·瑟尔斯：《犯罪学导论——犯罪、司法与社会》，刘仁文、颜九红、张晓艳译，清华大学出版社 2009 年版。

115. ［法］E. 迪尔凯姆：《社会学方法的准则》，狄玉明译，商务印书馆 2009 年版。

116. ［美］埃德温·萨瑟兰、唐纳德·克雷西、戴维·卢肯比尔：《犯罪学原理》，吴宗宪等译，中国人民公安大学出版社 2009 年版。

117. ［美］迈克尔·戈特弗里德森、特拉维斯·赫希：《犯罪的一般理论》，吴宗宪、苏明月译，中国人民公安大学出版社 2009 年版。

118. ［英］马丁·因尼斯：《解读社会控制：越轨行为、犯罪与社会秩序》，陈天本译，中国人民公安大学出版社 2009 年版。

119. ［波］彼得·什托姆普卡：《默顿学术思想评传》，林聚任等译，北京大学出版社 2009 年版。

120. ［美］斯蒂芬·E. 巴坎：《犯罪学：社会学的理解》，秦晨译，上海人民出版社 2011 年版。

121. ［美］亚历克斯·梯尔：《越轨社会学》，王海霞、范文明、马翠兰、嵇雷译，中国人民大学出版社 2011 年版。

122. ［美］詹姆斯·克里斯：《社会控制》，纳雪沙译，电子工业出版社 2012 年版。

123. ［澳］亚当·苏通、阿德里恩·切尼、罗伯·怀特：《犯罪预防：原理、观点与实践》，赵赤译，中国政法大学出版社 2012 年版。

124. ［英］麦克·马圭尔、罗德·摩根、罗伯特·赖纳等：《牛津犯罪学指南》，刘仁文、李瑞生等译，中国人民公安大学出版社 2012 年版。

125. ［美］范芝芬：《流动中国：迁移、国家和家庭》，邱幼云、黄河译，社会科学文献出版社 2013 年版。

126. ［英］安东尼·吉登斯：《资本主义与现代社会理论：对马克思、涂尔干和韦伯著作的分析》，郭忠华、潘华凌译，上海译文出版社 2013 年版。

127. ［美］雷切尔·博巴·桑托斯：《犯罪分析与犯罪制图》，金诚、郑滋椀译，人民出版社 2014 年版。

128. ［挪威］尼尔·克里斯蒂：《犯罪控制工业化》，胡菀如译，北京大学出版社 2014 年版。

129. ［美］乔治·凯林、凯瑟琳·科尔斯：《破窗效应——失序世界的关键影响力》，陈智文译，生活·读书·新知三联书店 2014 年版。

130. ［美］张鹂：《城市里的陌生人：中国流动人口的空间、权力与社会网络的重构》，袁长庚译，江苏人民出版社 2014 年版。

131. ［英］汤姆·米勒：《中国十亿城民：人类历史上最大规模人口流动背后的故事》，李雪顺译，鹭江出版社 2014 年版。

132. ［美］伊来恩·卡塞尔、道格拉斯·A. 伯恩斯坦：《犯罪行为与心理》，马皑、户雅琦译，中国政法大学出版社 2015 年版。

133. ［日］上田宽：《犯罪学》，戴波、李世阳译，商务印书馆 2016 年版。

（二）期刊论文

1. 胡以鉴："美好舞台上的魔鬼——广州流动人口犯罪问题析"，载《广州研究》1988 年第 7 期。

2. 刘宁书、朱妙："流动人口浪潮中的犯罪透视"，载《人民司法》1989 年第

8 期。

3. 杜强："论城市外来人口犯罪的特点、原因及对策"，载《法治论丛》1991年第2期。

4. 龚帆、荆夫："北京外来人口的犯罪状况和管理对策研究"，载《北京政协》1994年第2期。

5. 王功藩、卢庆福："首都外来人口犯罪调查"，载《北京经济瞭望：北京财贸学院学报》1994年第6期。

6. 王森、樊会来："浅析当前外来人口犯罪的主要原因和基本对策"，载《北京警院学报》1995年第4期。

7. 马振川："当前我区外来流动人口违法犯罪活动现状及对策"，载《北京警院学报》1996年第2期。

8. 李长安："预防和控制外来人口违法犯罪的基本对策"，载《上海公安高等专科学校学报》1996年第2期。

9. 王举、马振川："关于朝阳区流动人口犯罪情况的调查及治理对策"，载《北京警院学报》1996年第6期。

10. 赵立新："论市场经济条件下流动人口违法犯罪的特点、原因及其对策"，载《人口学刊》1997年第1期。

11. 俞德鹏、卢美芬、汪锋晔："合理评估外来人口犯罪严重程度应注意的几个问题"，载《浙江社会科学》1998年第1期。

12. 刘广三："犯罪统计初探"，载《山东法学》1998年第4期。

13. 张小虎："迪尔凯姆的犯罪社会学思想述评"，载《刑侦研究》1999年第5期。

14. 麻泽芝、丁泽芸："相对丧失论——中国流动人口犯罪的一种可能解释"，载《法学研究》1999年第6期。

15. 黄立："论流动人口犯罪及控制对策"，载《公安大学学报》2000年第2期。

16. 艾长庚："从平谷县外来人口团伙流窜犯罪的特点谈防控打击对策"，载《北京人民警察学院学报》2000年第4期。

17. 黄京平、石磊："试论'入世'对城市流动人口犯罪的影响"，载《法学论坛》2000年第6期。

18. 章礼明："广州市流动人口犯罪问题研究"，载《广州大学学报（综合版）》2001 年第 1 期。

19. 魏宏歆："城市化进程中的外来人口犯罪原因分析"，载《北京人民警察学院学报》2001 年第 1 期。

20. 王旭："流动人口犯罪控制论"，载《云南公安高等专科学校学报》2001 年第 1 期。

21. 李化祥："浅析流动人口的犯罪倾向"，载《甘肃政法学院学报》2001 年第 2 期。

22. 胡书芝、罗忆源："社会失范：城市农民工的游民化倾向——武汉市农民工游民化问题调查"，载《城市问题》2001 年第 2 期。

23. 尹春生："流动人口犯罪嫌疑人心理研究——反社会心理探究"，载《广州市公安管理干部学院学报》2001 年第 3 期。

24. 周沃欢："流动人口犯罪嫌疑人心理研究——个体心理特征"，载《广州市公安管理干部学院学报》2001 年第 3 期。

25. 张小虎："目标与方法的断裂——对默顿社会反常理论的再认识"，载《法学评论》2001 年第 4 期。

26. 岳平："城市化进程中流动人口犯罪的防控"，载《上海市政法管理干部学院学报》2001 年第 4 期。

27. 李卒："亚文化与广州市流动人口犯罪"，载《广州市公安管理干部学院学报》2001 年第 4 期。

28. 葛磊："外来人口犯罪原因与对策分析"，载《四川警官高等专科学校学报》2001 年第 4 期。

29. 张彦、马立："论网络犯罪及其社会控制"，载《江苏社会科学》2001 年第 5 期。

30. 丁金宏、杨鸿燕、杨杰、翁建红、张彬彬："上海流动人口犯罪的特征及其社会控制——透过新闻资料的分析"，载《人口研究》2001 年第 6 期。

31. 高国希："转型社会的制度规整——《社会失范论》解读"，载《哲学动态》2001 年第 6 期。

32. 卫磊："乡土秩序的失落——对流动人口犯罪的社会学思考"，载《江苏公安专科学校学报》2002 年第 1 期。

33. 陈小玉："转型期流动人口犯罪的社会控制"，载《安徽工业大学学报（社会科学版）》2002年第2期。

34. 江立华："转型期城市农民工的犯罪与社会控制"，载《江苏社会科学》2002年第2期。

35. 蔡杨蒙："与外来人口共同构筑治安防控体系——南浔区、义乌市防控外来人口犯罪的做法"，载《中国刑事警察》2002年第4期。

36. 欧阳马田："西方越轨社会学研究的历史、现状与趋势"，载《厦门大学学报（哲学社会科学版）》2002年第4期。

37. 石金平、游涛："外来人口犯罪 一个备受关注的话题"，载《北京统计》2002年第7期。

38. 王大中："流动人口与警力配置"，载《中国人民公安大学学报（社会科学版）》2003年第4期。

39. 柯葛壮："完善我国取保候审制度的几点思考"，载《法学》2003年第6期。

40. 方建中："流动人口犯罪实证研究"，载《求索》2003年第6期。

41. 刘学刚、陈嘉："暂住证：雁过拔毛引来民怨沸腾"，载《瞭望新闻周刊》2003年第44期。

42. 王大中："以现代化理念重新认识流动人口"，载《中国人民公安大学学报（社会科学版）》2004年第1期。

43. 李文安："城市民工犯罪的社会因素和控制对策"，载《社会科学辑刊》2004年第1期。

44. 郑永红："基尼系数与流动人口犯罪"，载《湖北警官学院学报》2004年第1期。

45. 徐志林、金林生、何银松："上海外来流动人口犯罪现状的社会学分析与控制对策"，载《上海公安高等专科学校学报》2004年第2期。

46. 侯钧生、刘晓梅："迪尔凯姆论法律的道德精神"，载《浙江大学学报（人文社会科学版）》2004年第2期。

47. 王大中："质疑国家统计局关于流动人口的统计及其未来预测论实"，载《中国人民公安大学学报（社会科学版）》2004年第3期。

48. 陈心歌、颜九红、杨征军："奥运安全视角下的流动人口犯罪问题——法律政策变动带来的挑战",载《北京政法职业学院学报》2004年第3期。

49. 杨征军、颜九红、陈心歌:"奥运安全与流动人口犯罪——流动人口犯罪的发展趋势与防控策略",载《北京政法职业学院学报》2004年第4期。

50. 中国社会科学院"当代中国人民内部矛盾研究"课题组:"城市人口的阶层认同现状及影响因素",载《中国人口科学》2004年第5期。

51. 王大中:"流动人口犯罪问题透视",载《中国人民公安大学学报》2004年第5期。

52. 任九光:"地域性犯罪群体的概念、成因及预防——对北京地区流动人口犯罪状况的考察",载《中国人民公安大学学报》2004年第5期。

53. 陈尚坤:"流动人口违法犯罪问题及对策思考",载《人口学刊》2004年第5期。

54. 王大中:"流动人口犯罪问题透视",载《中国人民公安大学学报(社会科学版)》2004年第5期。

55. 万川、王德柱、李波:"暂住证制度的存废之争及实施暂住证制度的必要性",载《中国人口科学》2004年第6期。

56. 程同顺、王焱:"从外来农村人口犯罪看城乡二元结构冲突——以天津市为例",载《调研世界》2004年第8期。

57. 颜九红、杨征军、陈心歌:"人文奥运与北京流动人口犯罪的刑事政策",载《北京政法职业学院学报》2005年第1期。

58. 冯卫国、储槐植:"刑事一体化视野中的社区矫正",载《吉林大学社会科学学报》2005年第2期。

59. 贾拥民:"'暂住证'折射法治困境",载《中国改革》2005年第2期。

60. 周民、王娟:"流动人口犯罪的社会学思考",载《政法学刊》2005年第3期。

61. 王大中:"流动人口权益与促进社会和谐稳定",载《中国人民公安大学学报(社会科学版)》2005年第4期。

62. 张晶、刘焱:"试论犯罪的文化成因及防控",载《安徽大学学报》2005年第4期。

63. 王志强:"对近年来流动人口犯罪问题的实证分析",载《中国人民公安大学学报(社会科学版)》2006年第2期。

64. 王桂新、刘旖芸："上海流动人口犯罪特征及原因分析——透过新闻资料的梳理、分析"，载《人口学刊》2006年第3期。

65. 张绍彦："社区矫正在中国——基础分析、前景与困境"，载《环球法律评论》2006年第3期。

66. 刘津慧："天津市外来人口犯罪分析报告"，载《天津市政法管理干部学院学报》2006年第4期。

67. 蒋传光："论社会控制与和谐社会的构建——法社会学的研究"，载《江海学刊》2006年第4期。

68. 朱力："关于社会失范机制的探讨"，载《社会科学研究》2006年第5期。

69. 陈上委："文化冲突与流动人口犯罪"，载《法制与社会》2006年第20期。

70. 张应立："论流动人口犯罪的发展变化及控制对策"，载《青少年犯罪问题》2007年第1期。

71. 范志权："城市流动人口违法犯罪之成因剖析"，载《四川警官高等专科学校学报》2007年第1期。

72. 丛梅："和谐社会进程中流动人口重新犯罪问题分析"，载《中国人民公安大学学报（社会科学版）》2007年第1期。

73. 黄淑瑶："从社会支持网角度看流动人口犯罪"，载《北京社会科学》2007年第2期。

74. 王大中、柴艳茹、张晓东、郭冰："北京市流动人口犯罪问题调查报告"，载《中国人民公安大学学报（社会科学版）》2007年第2期。

75. 陈心歌："城市安全不能承受之重与流动人口不能承受之轻——兼论北京市流动人口犯罪预警机制的作用与完善"，载《北京政法职业学院学报》2007年第2期。

76. 冯江菊、张道许："城市化进程中流动人口犯罪问题研究"，载《河南工业大学学报（社会科学版）》2007年第2期。

77. 冯建功："论城市化进程中的流动人口犯罪及对策"，载《湘潭师范学院学报（社会科学版）》2007年第2期。

78. 苏明月："犯罪功能论再考——一个对迪尔凯姆犯罪概念的语义与逻辑分析"，载《政法论坛》2007年第3期。

79. 陆冬英、陈园园："关于外来人口犯罪的几点思考——以苏州市外来人口犯罪的调查为视角"，载《广州市公安管理干部学院学报》2007年第3期。

80. 李巍、孟庆顺："流动人口犯罪原因的社会学分析及对策"，载《国家检察官学院学报》2007年第4期。

81. 包路芳："城市适应与流动人口犯罪——北京犯罪问题的80年对比研究"，载《中国农业大学学报（社会科学版）》2007年第4期。

82. 彭希哲、郭秀云："权利回归与制度重构——对城市流动人口管理模式创新的思考"，载《人口研究》2007年第4期。

83. 钟其："转型社会青少年犯罪成因剖析——以社会控制理论为视角"，载《浙江学刊》2007年第5期。

84. 刘守芬、林岚："人口流动中的犯罪预防对策"，载《检察风云》2007年第8期。

85. 胡捷、孟强："构建和谐社会中逮捕权的正确运用 深圳办理外来人口犯罪案件的调查与思考"，载《中国检察官》2007年第9期。

86. 陈珺："流动人口犯罪原因分析"，载《理论月刊》2007年第9期。

87. 曾培芳："我国青少年犯罪预防和矫正理论与实践模式的整合——以社会控制与社会支持为视角"，载《江西社会科学》2007年第12期。

88. 李尔特："中西文化中的犯罪异同论——我国犯罪相关理论研究的出路"，载《当代法学》2008年第1期。

89. 吴宗宪："社会力量参与社区矫正的若干理论问题探讨"，载《法学评论》2008年第3期。

90. 接栋正："发达国家人口管理办法对我国的启示与思考"，载《人口与经济》2008年第4期。

91. 刘广三："犯罪控制宏论"，载《法学评论》2008年第5期。

92. 马红文、朱临："文化冲突语境下的流动人口犯罪解读"，载《黑龙江省政法管理干部学院学报》2008年第5期。

93. 胡建岚、吕丹丹："论流动人口犯罪的心理特征及其心理预防"，载《黑龙江省政法管理干部学院学报》2008年第5期。

94. 姚宜："流动人口的社会化与犯罪防控"，载《湖北警官学院学报》2008

年第 5 期。

95. 黄伟："浅析流动人口犯罪及其矫正措施"，载《中共郑州市委党校学报》2008 年第 5 期。

96. 宋健、何蕾："中国城市流动人口管理的困境与探索——基于北京市管理实践的讨论"，载《人口研究》2008 年第 5 期。

97. 冯晓英："改革开放以来北京市流动人口管理制度变迁评述"，载《北京社会科学》2008 年第 5 期。

98. 贺曙敏、李锡海："论文化冲突与犯罪"，载《山东大学学报（哲学社会科学版）》2008 年第 6 期。

99. 陈守海、吴锋："城市外来流动人口犯罪与防控对策——以北京市昌平区外来人口犯罪为例"，载《消费导刊》2008 年第 8 期。

100. 方巍："外来务工青年的社会偏离与社会排斥"，载《当代青年研究》2008 年第 11 期。

101. 李锡海："工业化、城市化与犯罪"，载《法学论坛》2009 年第 1 期。

102. 王立志："塞林文化冲突理论的分析与适用——以广州城中村农民工犯罪为视角"，载《法学论坛》2009 年第 2 期。

103. 谭京生、赵德云、宋莹："关于'外来人口第二代'犯罪问题的调研及建议——对北京市 100 名'外来人口第二代'未成年人犯罪情况的调查"，载《青少年犯罪问题》2009 年第 3 期。

104. 王大中、张晓东、柴艳茹、郭冰："流动人口中就业人员犯罪现象研究"，载《中国人民公安大学学报（社会科学版）》2009 年第 3 期。

105. 段成荣、朱富言："'以房管人'：流动人口管理的基础"，载《城市问题》2009 年第 4 期。

106. 程建、王春丽："上海市流动人口犯罪问题研究——以嘉定区和青浦区的刑案数据为视点"，载《法治论丛（上海政法学院学报）》2009 年第 5 期。

107. 嘎日达、黄匡时、王雪梅："北京市流动人口服务管理基层工作的模式与困境"，载《新视野》2009 年第 5 期。

108. 肖周燕、郭开军、尹德挺："我国流动人口管理体制改革的决定机制及路径选择"，载《人口研究》2009 年第 6 期。

109. 宁建海、秦江锋："郑州市金水区外来人口犯罪实证分析"，载《中国刑事法杂志》2009 年第 6 期。

110. 朱志华、周长康、孙永刚："从源头上预防流动人口犯罪——长三角地区流动人口犯罪问题的调查与思考"，载《浙江社会科学》2009 年第 9 期。

111. 余新喜："外来人口犯罪逮捕问题实证研究"，载《河北法学》2009 年第 9 期。

112. 尹德挺、苏杨："建国六十年流动人口演进轨迹与若干政策建议"，载《改革》2009 年第 9 期。

113. 董颖、陈青："流动人口犯罪人纳入城市社区矫正范围的思考"，载《求实》2009 年第 S2 期。

114. 康均心、杨新红："城乡一体化背景下的刑事政策调适——以流动人口犯罪为研究视角"，载《法学论坛》2010 年第 1 期。

115. 寇丽平、裴岩："城市外来人口聚居区的风险分析与治理"，载《中国人民公安大学学报（社会科学版）》2010 年第 1 期。

116. 刘建娥："乡-城移民社会融入的实践策略研究：社区融入的视角"，载《社会》2010 年第 1 期。

117. 史晋川、吴兴杰："流动人口、收入差距与犯罪"，载《山东大学学报（哲学社会科学版）》2010 年第 2 期。

118. 潘向泷、秦总根："走向有序：广州流动人口犯罪问题研究"，载《北京人民警察学院学报》2010 年第 3 期。

119. 陈炜、徐绫泽："'相对剥夺理论'在农村流动人口犯罪防控中的应用"，载《法学杂志》2010 年第 3 期。

120. 陈艳、李雨聪："城乡结合部流动人口犯罪问题分析——以北京市朝阳区为例"，载《北京政法职业学院学报》2010 年第 3 期。

121. 刘晓梅："流动人口犯罪问题实证分析——以天津市为例"，载《城市问题》2010 年第 5 期。

122. 冯晓英："论北京'城中村'改造——兼述流动人口聚居区合作治理"，载《人口研究》2010 年第 6 期。

123. 陈珺："流动人口犯罪的社会控制措施"，载《学习月刊》2010 年第 18 期。

公安司法管理干部学院学报》2012 年第 3 期。

154. 刘启刚：“流动人口犯罪的特征、理论阐释与防控对策”，载《中国刑警学院学报》2012 年第 3 期。

155. 王烨捷：“'积分入户'难圆农民工的'城市梦'”，载《农村·农业·农民》2012 年第 3 期。

156. 陈在上：“流动人口犯罪原因与特征浅析”，载《铁道警官高等专科学校学报》2012 年第 4 期。

157. 陈勇、颜九红：“户籍及其超越：北京流动人口服务与管理法治化之门”，载《北京政法职业学院学报》2012 年第 4 期。

158. 崔岩：“流动人口心理层面的社会融入和身份认同问题研究”，载《社会学研究》2012 年第 5 期。

159. 金泽刚、吴亚安：“网络游戏对青少年犯罪的影响——一种基于社会控制理论的解释”，载《青少年犯罪问题》2012 年第 5 期。

160. 李晓华、王瑾：“流动人口犯罪问题探微”，载《湖北警官学院学报》2012 年第 6 期。

161. 李家兴、金小红：“关于流动青少年犯罪类型的社会学解读——基于迪尔凯姆《自杀论》的思考”，载《青少年犯罪问题》2012 年第 6 期。

162. 郭晓红：“转型期弱势群体的相对剥夺感与犯罪”，载《江西社会科学》2012 年第 9 期。

163. 卞建林、廖森林：“论我国取保候审制度的完善——基于大陆、香港、台湾三地的比较分析”，载《学术交流》2012 年第 9 期。

164. 昌学文、喻建立：“'社会管理创新语境下流动人口犯罪司法应对'研讨会述要”，载《人民检察》2012 年第 11 期。

165. 周健宇：“新生代农民工违法犯罪心理根源及其解决之道——基于四川省 Z 市看守所、监狱的实证研究”，载《经济问题探索》2012 年第 11 期。

166. 唐杰、杨胜慧：“北京新城流动人口结构及流动机制分析”，载《城市发展研究》2012 年第 12 期。

167. 吴爱英：“坚持和完善中国特色社区矫正制度”，载《求是》2012 年第 17 期。

168. 陈志君、王煊、单勇：“流动人口犯罪预防与检察工作机制创新”，载

《人民检察》2012 年第 21 期。

169. 徐小芸："文化冲突视角下的流动人口犯罪",载《现代营销（学苑版）》2013 年第 1 期。

170. 陈磊、石磊："身份差异与量刑歧视：流动人口犯罪缓刑适用问题研究",载《法律适用》2013 年第 1 期。

171. 刘敏："流动人口犯罪的基本趋势与防控对策",载《河南司法警官职业学院学报》2013 年第 1 期。

172. 杨建、金小红："流动青少年犯罪类型的社会学解读：社会冲突论的视角",载《青少年犯罪问题》2013 年第 1 期。

173. 金小红、陈明香："社会管理创新背景下城市流动青少年犯罪治理研究——基于社会融合的视角",载《社会主义研究》2013 年第 2 期。

174. 郭星华、周延东："规则僭越：转型期的社会失范",载《探索与争鸣》2013 年第 2 期。

175. 张真理："流动人口犯罪及其预防研究",载《现代商业》2013 年第 2 期。

176. 汪东升："流动人口犯罪及其防治理念",载《犯罪研究》2013 年第 2 期。

177. 朱继东：" '中国梦'和'美国梦'的差异在哪里?",载《党建》2013 年第 2 期。

178. 单民、陈磊："社会管理创新语境下的流动人口犯罪预防",载《法治研究》2013 年第 3 期。

179. 张荆："北京社区矫正模式特色与问题点分析",载《中国人民公安大学学报（社会科学版）》2013 年第 3 期。

180. 沙莉："城市流动人口犯罪成因及预防对策",载《湖北警官学院学报》2013 年第 3 期。

181. 徐捷、楚国清："北京市新生代农民工城市融入意愿研究",载《北京青年政治学院学报》2013 年第 3 期。

182. 汪东升："流动人口犯罪的现状、原因与防治——以北京市为例",载《北京交通大学学报（社会科学版）》2013 年第 3 期。

183. 司仲鹏："居住证制度与流动人口犯罪控制",载《河北公安警察职业学院学报》2013 年第 3 期。

184. 刘可道："赫希的社会控制理论与青少年犯罪——武汉'12·1'银行特大爆炸案的犯罪学思考"，载《青少年犯罪问题》2013 年第 3 期。

185. 金小红、李震："流动青少年犯罪归因的实证研究——以湖北省为例"，载《教育研究与实验》2013 年第 4 期。

186. 刘晓农、叶萍："破窗理论与流动人口犯罪控制"，载《河南社会科学》2013 年第 4 期。

187. 张梅珠："后暂住证时代北京流动人口管理政策特点及评价"，载《北京社会科学》2013 年第 4 期。

188. 傅跃建、胡晓景："流动人口犯罪的地域特征——以义乌市为样本"，载《净月学刊》2013 年第 4 期。

189. 游小华："流动人口犯罪的综合性预防"，载《江西社会科学》2013 年第 5 期。

190. 米卿、王东方："浙江舟山群岛新区背景下流动人口犯罪管控问题探析——以美国破窗理论为视角"，载《浙江海洋学院学报（人文科学版）》2013 年第 5 期。

191. 张斯玮："流动人口的社区矫正适用探析"，载《安徽农业大学学报（社会科学版）》2013 年第 5 期。

192. 楼伯坤、满涛："我国流动人口犯罪的防控策略——基于'破窗理论'的本土化思考"，载《犯罪研究》2013 年第 6 期。

193. 伍先江："完善流动人口服务管理体制"，载《前线》2013 年第 6 期。

194. 单勇、阮重骏："城市街面犯罪的聚集分布与空间防控——基于地理信息系统的犯罪制图分析"，载《法制与社会发展》2013 年第 6 期。

195. 吴卫军、徐如红、任永芳："社区矫正能否有效预防与减少重新犯罪？——以东部某省 H 市 2007～2011 年数据为对象的个案分析"，载《中国刑事法杂志》2013 年第 10 期。

196. 屈学武："中国社区矫正制度设计及其践行思考"，载《中国刑事法杂志》2013 年第 10 期。

197. 张明芳："中原经济区建设背景下的流动人口犯罪对策研究"，载《学理论》2013 年第 25 期。

198. 习近平："切实把思想统一到党的十八届三中全会精神上来"，载《求是》2014年第37期。

199. 刘里卿、张杰英："流动人口犯罪及其预防对策探析"，载《河北学刊》2014年第1期。

200. 杜瑾："城市适应视域下西北地区流动人口犯罪预防研究"，载《青海社会科学》2014年第1期。

201. 李传军、白旭阳："创新社会管理背景下的流动人口管理——以北京市X区为例"，载《天津大学学报（社会科学版）》2014年第2期。

202. 张苏："流动人口犯罪逮捕措施适用实证分析——以北京市A区批捕实践为主要样本"，载《中国人民公安大学学报（社会科学版）》2014年第3期。

203. 张德淼、李朝："传统社会与现代社会未成年人犯罪治理模式比较研究"，载《政法论丛》2014年第3期。

204. 王阳："居住证制度地方实施现状研究——对上海、成都、郑州三市的考察与思考"，载《人口研究》2014年第3期。

205. 高玥："社会支持理论的犯罪学解析与启示"，载《当代法学》2014年第4期。

206. 刘可道："流动人口犯罪防控八大关键词论要"，载《犯罪研究》2014年第4期。

207. 柏邦妮："我为什么宁愿在'北上广'受苦"，载《新一代》2014年第4期。

208. 于阳："社会支持视域下城市流动人口犯罪预防研究"，载《河北法学》2014年第5期。

209. 杜瑾："城市适应视域下流动人口犯罪预防研究"，载《河南财经政法大学学报》2014年第5期。

210. 齐嘉楠："流动人口离城意愿实证研究——基于北京、上海、广州三市调查的初步分析"，载《人口学刊》2014年第5期。

211. 罗丞："新生代农民工的社会失范：类型与相互关系"，载《中国青年政治学院学报》2014年第5期。

212. 张荆："异质文化冲突中的犯罪现象研究"，载《青少年犯罪问题》2014

年第 5 期。

213. 李旭、豆小红："社会失范、教养偏差与青少年犯罪关系探讨"，载《中国青年研究》2014 年第 6 期。

214. 冯卫国、王超："中外社区矫正风险评估因素结构差异研究"，载《法学杂志》2014 年第 7 期。

215. 王剑波："论流动人口犯罪逮捕措施的平等适用——以 2012 年《刑事诉讼法》的修正为中心"，载《公民与法》2014 年第 7 期。

216. 张笑秋："新生代农民工市民化意愿分析"，载《江西社会科学》2014 年第 7 期。

217. 郭晓红："未成年犯罪人社区矫正的路径选择——以社会控制理论为视角"，载《法学杂志》2014 年第 7 期。

218. 韩恒："农民工的'城市梦'及其影响因素——基于河南省'百村调查'的数据分析"，载《中州学刊》2014 年第 7 期。

219. 谭静、余静文、饶璨："二元结构下中国流动人口的回迁意愿与储蓄行为——来自 2012 年北京、上海、广州流动人口动态监测数据的经验证据"，载《金融研究》2014 年第 12 期。

220. 杨慧："关于流动人口社区矫正的调查研究——以南京市江宁区为例"，载《经济研究导刊》2014 年第 14 期。

221. 张璐晶、陈维杉、王悦静："户改'双城记'上海白领和北京大妈的户籍故事"，载《中国经济周刊》2014 年第 32 期。

222. 顾伟："减少流动人口犯罪的综合方法研究"，载《山东社会科学》2015 年第 S1 期。

223. 齐子翔、吕永强："北京城乡人口流动状态预测研究——一个新方法"，载《经济体制改革》2015 年第 2 期。

224. 朱海琳、白薇、陈建成、张玉静："北京流动人口城市归属感与主观幸福感的现状与对策研究"，载《经济论坛》2015 年第 3 期。

225. 王剑波："论流动人口犯罪侦查强制措施的立法完善"，载《兰州学刊报》2015 年第 3 期。

226. 余建超："流动人口犯罪问题研究——以务工'农二代'为例"，载《湖北警官学院学报》2015 年第 5 期。

227. 李恒：“城市化进程中青少年流动人口犯罪特点与对策”，载《云南警官学院学报》2015年第5期。
228. 杨东亮、陈思思：“北京地区流动人口幸福感的影响因素研究”，载《人口学刊》2015年第5期。
229. 王朋岗：“社会融合视角下新疆跨省流动人口长期居留意愿研究——新疆、北京和广东的比较研究”，载《人口与发展》2015年第5期。
230. 但未丽：“当前中国社区矫正发展的困境及应对”，载《中国人民公安大学学报（社会科学版）》2015年第5期。
231. 李川：“修复、矫治与分控：社区矫正机能三重性辩证及其展开”，载《中国法学》2015年第5期。
232. 王瑜、武继磊：“京津冀协同发展视角下北京流动人口管理政策综述分析”，载《人口与发展》2015年第5期。
233. 陆杰华、李月：“居住证制度改革新政：演进、挑战与改革路径”，载《国家行政学院学报》2015年第5期。
234. 易承志、李利文：“新生代农民工犯罪的根源解释及其预防”，载《青少年犯罪问题》2015年第6期。
235. 高杰、丁连连：“外来人口犯罪问题实证研究——以默顿社会失范理论为视角”，载《当代经济》2015年第17期。
236. 刘丽：“‘居住证’能否让人‘四海为家’”，载《人民论坛》2015年第21期。
237. 陈春莲：“京津冀协同发展战略对北京外来人口调控的引领作用研究”，载《北京政法职业学院学报》2016年第1期。
238. 李呈：“北京外来人口调控对京津冀协同发展的推动作用探析”，载《北京政法职业学院学报》2016年第1期。
239. 袁方、史清华、晋洪涛：“居住证制度会改善农民工福利吗？——以上海为例”，载《公共管理学报》2016年第1期。
240. 冯向军、冉一妩：“检察视阈下外来人口犯罪的实证分析——以2005年至2014年T市B区检察机关审理的案件为样本”，载《天津法学》2016年第2期。
241. 米文豪：“居住证制度在预防流动人口犯罪中的作用及完善”，载《山西警官高等专科学校学报》2016 年第 2 期。

242. 陈丽玲、诸葛旸："流动人口犯罪防控与检察监督对策"，载《人民法治》2016 年第 2 期。

243. 马小红、胡梦芸："京津冀协同发展视域下的北京流动人口发展趋势"，载《前线》2016 年第 2 期。

244. 单勇："犯罪热点成因——基于空间相关性的解释"，载《中国法学》2016 年第 2 期。

245. 单勇："犯罪地图的公开"，载《国家检察官学院学报》2016 年第 3 期。

246. 熊猛、叶一舵："相对剥夺感：概念、测量、影响因素及作用"，载《心理科学进展》2016 年第 3 期。

247. 韩玲："转型时期流动人口犯罪社区治理研究"，载《行政与法》2016 年第 4 期。

248. 孙铁山、刘霄泉："中国超大城市常住外来和常住户籍人口居住-就业的空间错位——基于北京、上海和广州的实证"，载《人口与经济》2016 年第 5 期。

249. 李晓壮："居住证积分落户规模初步测度与分析——以北京市为例"，载《调研世界》2016 年第 7 期。

250. 李升、黄造玉："流动人口的社会心态研究——基于 2005 年与 2013 年北京两次调查数据比较"，载《调研世界》2016 年第 8 期。

251. 徐红新、薛灵芝："居住证的制度价值与立法定位"，载《人民论坛》2016 年第 8 期。

252. 王红茹："从 6 平方公里到 155 平方公里，再到 906 平方公里 通州全境纳入'北京城市副中心'"，载《中国经济周刊》2016 年第 18 期。

253. 周群峰："那些'下海'的法官们"，载《中国新闻周刊》2016 年第 26 期。

254. 王红茹："北上广深津五城积分落户办法均出台 上海看重高学历，北京更重长期贡献"，载《中国经济周刊》2016 年第 33 期。

（三）学位论文

1. 张清郎："中国转型期流动人口犯罪研究"，西南财经大学 2010 年博士论文。

2. 吴兴杰："我国流动人口收入差距与犯罪率的实证研究"，浙江大学 2010 年博士论文。

3. 范志权："转型期中国乡城流动人口行为失范问题研究"，西南财经大学 2013 年博士学位论文。

（四）报纸文章

1. 武侠："关注流动人口犯罪"，载《人民日报》2001 年 2 月 14 日第 9 版。

2. 陈小林："减少流动人口犯罪任重道远"，载《人民公安报》2001 年 3 月 31 日第 3 版。

3. 张景义："严打流动人口犯罪"，载《人民法院报》2001 年 5 月 19 日第 1 版。

4. 秦千桥、张骏："'以屋管人'：破解社区治安难题"，载《人民公安报》2003 年 12 月 26 日第 3 版。

5. 王大中："发达国家促进农村人口流动的政策措施"，载《中国人口报》2005 年 7 月 20 日第 3 版。

6. 陈新、朱磊："流动人口犯罪约占七成"，载《法制日报》2006 年 2 月 21 日第 5 版。

7. 韩卫东、于新录："流动人口犯罪宏观防控三项对策"，载《检察日报》2007 年 10 月 14 日第 3 版。

8. 孙伟川、范淳钰："'犯罪地图'绕开危险之路"，载《人民日报海外版》2008 年 8 月 2 日第 8 版。

9. 林春弟："转换视角开展流动人口犯罪研究"，载《检察日报》2009 年 9 月 18 日第 3 版。

10. 韩涵："暂住证正在失去存在的意义"，载《新京报》2009 年 1 月 13 日第 A03 版。

11. 周鹏、宋钢、祁亮："处理外来人口犯罪要做到轻轻重重"，载《检察日报》2009 年 12 月 20 日第 3 版。

12. 刘茜等："积分制为农民工城市梦打开一扇门"，载《南方日报》2010 年 8 月 11 日第 A04 版。

13. 孟为："发改委：'以业控人'调控人口规模"，载《北京日报》2011 年 1 月 21 日第 6 版。

14. 张亮、李艳洁："北京'以业控人'操之过急?"，载《中国经营报》2011年3月7日第 A07 版。

15. 欧阳晶、张文玲："流动人口犯罪出现新走向"，载《检察日报》2011年8月4日第1版。

16. 晏扬："'以业控人'真能行吗"，载《新华每日电讯》2011年12月9日第3版。

17. 陈克立、袁赛楠："同样的城市 不同的城市梦"，载《农民日报》2012年2月28日第3版。

18. 贾娜："流动人口犯罪得重视了"，载《检察日报》2012年3月7日第11版。

19. 陈丽玲、诸葛旸："强化流动人口犯罪防控的五点意见"，载《检察日报》2012年9月30日第3版。

20. 习近平："在首都各界纪念现行宪法公布施行30周年大会上的讲话（2012年12月4日）"，载《人民日报》2012年12月5日第2版。

21. 李刚："'积分制'圆了城市梦"，载《人民日报》2013年1月6日第11版。

22. 韩雪洁、马贺："三代农民工的'城市梦'——'我的梦·中国梦'系列报道之二"，载《吉林日报》2013年4月9日第5版。

23. 余荣华："北京：让流动有序 让成果共享"，载《人民日报》2013年5月29日第17版。

24. 许浩："预防流动人口犯罪要有的放矢"，载《人民公安报》2013年5月11日第3版。

25. 马述强、余晓葵、王传军："习近平同美国总统奥巴马共同会见记者"，载《光明日报》2013年6月9日第1版。

26. 郭少峰："北京户籍人口住房超过一户一套"，载《新京报》2013年7月3日第 A12 版。

27. 侯莎莎："'治安地图'公布19处乱点曝光 警方将于近期重点整治"，载《北京日报》2013年7月10日第3版。

28. 北京市公安局："本市万人中有民警24名"，载《法制晚报》2013年8月21日第 A16 版。

29. 徐潇："没有北京户口只能算'漂'——暗访大学生落户京城的交易内幕"，载《工人日报》2013年9月3日第7版。

30. 习近平："坚持严格执法公正司法深化改革 促进社会公平正义保障人民安居乐业"，载《人民日报》2014年1月9日第1版。

31. 孙思娅："10位人大代表联名呼吁提高法官待遇"，载《京华时报》2014年1月19日第10版。

32. 习近平："推进中国上海自由贸易试验区建设 加强和创新特大城市社会治理"，载《人民日报》2014年3月6日第1版。

33. 温薷："5年流失500余法官"，载《新京报》2014年3月12日第A10版。

34. 王姝："落户北京通道变窄"，载《新京报》2014年3月20日第A08版。

35. 赵昂："他们为何不愿离开北京？"，载《工人日报》2014年4月13日第2版。

36. 孙思娅："北京未成年人犯罪非京籍达65.3%"，载《京华时报》2014年5月28日第6版。

37. 尹德挺："北京流动人口有序管理的应对策略"，载《中国人口报》2014年6月23日第3版。

38. 任一陆、唐宁："办暂住证明 先交60元？"，载《法制晚报》2014年7月24日第A27版。

39. 温薷："北京户口'知多少'"，载《新京报》2014年8月2日第A12版。

40. 孙宏阳："市公安局13个直属派出所揭牌"，载《北京日报》2014年9月2日第2版。

41. 王斌："北京加强顶层设计确保各环节规范执行 社区矫正人员再犯罪率不超0.1%"，载《法制日报》2014年10月8日第1版。

42. 张璐："积分落户学历权重不应过高"，载《北京晨报》2014年12月5日第A10版。

43. 吴为："北京：鼓励用人单位多用本市人员"，载《新京报》2015年4月4日第A06版。

44. 丁静："北京人社局：'以业控人'只对部分新增岗位"，载《新华每日电讯》2015年4月5日第2版。

45. 庄庆鸿、王书画："打工青年，你是大城市的'过客'吗？"，载《中国青年报》2015 年 5 月 22 日第 6 版。

46. 顾梦琳："65% 外来人口住在四环到六环间"，载《京华时报》2015 年 5 月 22 日第 A06 版。

47. 池海波："隐秘在社区里的朝阳群众？"，载《北京青年报》2015 年 5 月 22 日第 A08 版。

48. 耿诺："副中心建设将着眼'京津冀一盘棋'？"，载《北京日报》2015 年 7 月 15 日第 1 版。

49. 新华社记者："有序疏解北京非首都功能 促进区域协调发展形成新增长极——京津冀协同发展领导小组办公室负责人就京津冀协同发展有关问题答记者问？"，载《北京日报》2015 年 8 月 24 日第 1 版。

50. 蔡若愚："北京人口疏解：户籍调控只治标 剥离非首都功能才治本"，载《中国经济导报》2015 年 11 月 7 日第 B01 版。

51. 孙宏阳："北京市公安局千余机关警力'下沉'进社区"，载《北京日报》2016 年 1 月 6 日第 7 版。

52. 北京市统计局、国家统计局北京调查总队："北京常住人口增速降至 0.9%"，载《新京报》2016 年 1 月 20 日第 A12 版。

53. 周斌："司法改革未出现法官离职潮"，载《法制日报》2016 年 7 月 27 日第 3 版。

54. 冯彪："北上广积分落户政策大比拼：北京积分难度超过上海"，载《每日经济新闻》2016 年 8 月 12 日第 3 版。

55. 定军、李芳、郑珂："北京积分落户需连缴 7 年社保 鼓励人口向郊区转移"，载《21 世纪经济报道》2016 年 8 月 12 日第 6 版。

56. 朱竞若、贺勇："搬到郊区住 落户可加速"，载《人民日报》2016 年 8 月 12 日第 2 版。

57. 董城、楼程莉："北京'积分落户'怎么落"，载《光明日报》2016 年 8 月 12 日第 7 版。

58. 奚冬琪："'北漂'眼中的北京户籍新政"，载《人民政协报》2016 年 8 月 22 日第 5 版。

59. 张景华："北京 户籍改革如何使城乡更平等"，载《光明日报》2016 年 10

月 7 日第 2 版。

（五）文件报告法规

1. 《坚定不移沿着中国特色社会主义道路前进 为全面建成小康社会而奋斗》（2012 年 11 月 8 日在中国共产党第十八次全国代表大会上的报告）

2. 《中共中央关于全面深化改革若干重大问题的决定》（2013 年 11 月 12 日中国共产党第十八届中央委员会第三次全体会议通过）

3. 《中共中央关于全面推进依法治国若干重大问题的决定》（2014 年 10 月 23 日中国共产党第十八届中央委员会第四次全体会议通过）

4. 《中共中央关于制定国民经济和社会发展第十三个五年规划的建议》（2015 年 10 月 29 日中国共产党第十八届中央委员会第五次全体会议通过）

5. 《政府工作报告》（2008－2016 年）

6. 《中国统计年鉴》（1996 年－2015 年）

7. 《中国法律年鉴》（1987 年－2015 年）

8. 《全国暂住人口统计资料汇编》（2006 年－2014 年）

9. 《中国流动人口发展报告》（2011 年－2016 年）

10. 《全国农民工监测调查报告》（2009 年－2015 年）

11. 《中国城市化率调查报告》（2011 年－2012 年）

12. 《中共中央办公厅、国务院办公厅关于转发〈民政部关于在全国推进城市社区建设的意见〉的通知》（中办发〔2000〕23 号）

13. 《中共中央办公厅转发〈中共中央组织部关于进一步加强和改进街道社区党的建设工作的意见〉的通知》（中办发〔2004〕25 号）

14. 《国务院关于编制全国主体功能区规划的意见》（国发〔2007〕21 号）

15. 《中共中央 国务院关于加大统筹城乡发展力度进一步夯实农业农村发展基础的若干意见》（2010 年中央一号文件）

16. 《国务院办公厅关于进一步做好农民工培训工作的指导意见》（国办发〔2010〕11 号）

17. 《中共中央办公厅、国务院办公厅印发〈关于加强和改进城市社区居民委员会建设工作的意见〉》（中办发〔2010〕27 号）

18. 《国家新型城镇化规划（2014－2020 年）》（2014 年中共中央 国务院印

发)

19. 《国务院关于进一步推进户籍制度改革的意见》（国发〔2014〕25号）

20. 《国务院关于调整城市规模划分标准的通知》（国发〔2014〕51号）

21. 《居住证暂行条例》（国令第663号，2015年10月21日国务院第109次常务会议通过）

22. 《京津冀协同发展规划纲要》（2015年中共中央政治局审议通过）

23. 《关于加强社会治安防控体系建设的意见》（2015年中共中央办公厅、国务院办公厅印发）

24. 《国务院关于深入推进新型城镇化建设的若干意见》（国发〔2016〕8号）

25. 《国务院办公厅关于印发推动1亿非户籍人口在城市落户方案的通知》（国发〔2016〕72号）

26. 《京津冀协同发展土地利用总体规划（2015-2020年）》（2016年国土资源部、国家发展改革委联合印发）

27. 《北京统计年鉴》（2005年-2016年）

28. 《北京市国民经济和社会发展统计公报》（2006年-2015年）

29. 《北京市政府工作报告》（2008-2015年）

30. 《北京市高级人民法院工作报告》（2008年-2015年）

31. 《北京市人民检察院工作报告》（2008年-2015年）

32. 《北京城市总体规划（2004年-2020年）》（2005年）

33. 《北京市土地利用总体规划（2006-2020年）》（2009年）

34. 《北京市国民经济和社会发展第十二个五年规划纲要》（2011年）

35. 《北京市国民经济和社会发展第十三个五年规划纲要》（2016年）

36. 《中共北京市委北京市人民政府关于贯彻〈京津冀协同发展规划纲要〉的意见》（2015年）

37. 《中共北京市委办公厅、北京市人民政府办公厅印发〈关于全面加强城乡社区居民委员会建设工作的意见〉的通知》（京办发〔2011〕26号）

38. 《北京市民政局、中共北京市委农村工作委员会、北京市农村工作委员会、北京市规划委员会、北京市住房和城乡建设委员会、北京市财政局关于推进城乡社区自治组织全覆盖的指导意见》（京民基发〔2012〕108号）

39. 《北京市城乡结合部建设三年行动计划（2015－2017 年）》（京政办发〔2015〕54 号）

40. 《北京市实施〈居住证暂行条例〉办法》（2016 年北京市人民政府令 270 号）

41. 《北京市人民政府办公厅关于印发〈北京市积分落户管理办法（试行）〉的通知》（京政办发〔2016〕39 号）

42. 《北京市人民政府关于进一步推进户籍制度改革的实施意见》（京政发〔2016〕43 号）

二、外文文献

1. Thorsten Sellin, "Culture Conflict and Crime", *American Journal of Sociology*, Vol. 44, No. 1 (1938), pp. 97~103.

2. Albert J. Reiss, Jr., "Delinquency as the Failure of Personal and Social Controls", *American Sociological Review*, Vol. 16, No. 2 (1951), pp. 196~207.

3. Davis, James A., "A Formal Interpretation of the Theory of Relative Deprivation", *Sociometry*, Vol. 22, No. 4 (1959), pp. 280~296.

4. Davies, James C., "Toward a Theory of Revolution", *American Sociological Review*, Vol. 27, No. 1 (1962), pp. 5~19.

5. Gurr, T. R., "A Causal Model of Civil Strife: A Comparative Analysis Using New Indices", *The American Political Science Review*, Vol. 62, No. 4 (1968), pp. 1104~1124.

6. Clark McPhail, "Civil Disorder Participation: A Critical Examination of Recent Research", *American Sociological Review*, Vol. 36, No. 6 (1971), pp. 1058~1073.

7. Michael J. Hindelang, "Causes of Delinquency: A Partial Replication and Extension", Social Problems, Vol. 20, No. 4 (1973), pp. 471~487.

8. Crosby, Faye, "A model of egoistic relative deprivation", *Psychological Review*, Vol. 83, No. 2 (1976), pp. 85~113.

9. C. Ronald Chester, "Perceived Relative Deprivation as a Cause of Property Crime", *Crime and Delinquency*, Vol. 22, No. 1 (1976), pp. 17~30.

10. Stephen A. Cernkovich, "Evaluating Two Models of Delinquency Causation: Structural Theory and Control Theory", *Criminology*, Vol. 16, No. 3 (1978), pp. 335~352.

11. Johnstone, J. W. C., "SocialClass, Social Areas and Delinquency", *Sociology and Social Research*, Vol. 63, No. 1 (1978), pp. 49~72.

12. Marvin D. Krohn, James L. Massey, "Social Control and Delinquent Behavior: AnExamination of the Elements of the Social Bond", *The Sociological Quarterly*, Vol. 21, No. 4 (1980), pp. 529~544.

13. Judith R. Blau, Peter M. Blau, "The Cost of Inequality: Metropolitan Structure and Violent Crime", *American Sociological Review*, Vol. 47, No. 1 (1982), pp. 114~129.

14. Judith R. Blau, Peter M. Blau, "The Cost of Inequality: Metropolitan Structure and Violent Crime", *American Sociological Review*, Vol. 47, No. 1 (1982), pp. 114~129.

15. Robert J. Bursik, Jr., and Jim Webb, "Community Change and Patterns of Delinquency", *American Journal of Sociology*, Vol. 88, No. 1 (1982), pp. 24~42.

16. Johnstone, J. W. C., "Recruitment to a Youth Gang", *Youth and Society*, Vol. 14, No. 3 (1983), pp. 281~300.

17. Jack P. Gibbs, "The Methodology of Theory Construction in Criminology", In Robert F. Meiered., *Theoretical Methods in Criminology*, CA: SAGE Publications, 1985, pp. 23~50.

18. Richard A. Hilbert, "Anomie and the Moral Regulation of Reality: The Durkheimian Tradition in Modern Relief", *Sociological Theory*, Vol. 4, No. 1 (1986), pp. 1~19.

19. OM Simcha-Fagan, JE Schwartz, "Neighborhood and Delinquency: An Assessment of Contextual Facts", *Criminology*, Vol. 24, No. 4 (1986), pp. 667~703.

20. Jennifer Friedman, Dennis P. Rosenbaum, "Social Control Theory: The Salience of Components by Age, Gender, and Type of Crime", *Journal of Quantitative Criminology*, Vol 4, No. 4 (1988), pp. 363~381.

21. Robert J. Bursik, Jr., "Social Disorganization and Theories of Crime and Delin-

quency: Problems and Prospects", *Criminology*, Vol. 26, No. 4 (1988), pp. 519~551.

22. Samuel Cameron, "The Economics of Crime Deterrence: A Survey of Theory and Evidence", *Kyklos*, Vol. 41, No. 2 (1988), pp. 301~323.

23. Robert J. Sampson, W. Byron Groves, "Community Structure and Crime: Testing Social-Disorganization Theory", *American Journal of Sociology*, Vol. 94, No. 4 (1989), pp. 774~802.

24. Philip Redfern, "Population Registers: Some Administrative and Statistical Pros and Cons", *Journal of the Royal Statistical Society*, Vol. 152, No. 1 (1989), pp. 1~41.

25. Kempf, Kimberly L, "The Empirical Status of Hirschi's Control Theory", In Freda Adler, William S. Laufered. , *Advances in Criminological Theory*, *Vol. 4: New Directions in Criminological Theory*, New Brunswick, N. J. : Transaction, 1993, pp. 143~185.

26. BarbaraD. Warner, Glenn L. Pierce, "Reexamining Social Disorganization Theory Using Calls to the Police as a Measure of Crime", *Criminology*, Vol. 31, No. 4 (1993), pp. 493~517.

27. Thomas A. Petee, Gregory S. Kowaiski, Don W. Duffield, "Crime, Social Disorganization, and Social Structure: A Research Note on the Use of Interurban Ecological Models", *American Journal of Criminal Justice*, Vol. 19, No. 1 (1994), pp. 117~132.

28. Thomas B. Marvell, Carlisle E. Moody, "Specification Problems, Police Levels, and Crime Rates", *Criminology*, Vol. 34, No. 4 (1996), pp. 609~646.

29. Laura J. Moriarty, James E. Williams, "Examining the Relationshipbetween Routine Activities Theory and Social Disorganization: An Analysis of Property Crime Victimization", *American Journal of Criminal Justice*, Vol. 21, No. 1 (1996), pp. 43~59.

30. Thomas B. Marvell, Carlisle E. Moody, "Specification Problems, Police Levels, and Crime Rates", *Criminology*, Vol. 34, No. 4 (1996), pp. 609~646.

31. Steven D. Levitt, "Using Electoral Cycles in Police Hiring to Estimate the Effect

of Police on Crime", *The American Economic Review*, Vol. 87, No. 3 (1997), pp. 270~290.

32. Steven F. Messner, Richard Rosenfeld, "Political Restraint of the Market and Levels of Criminal Homicide: A Cross-National Application of Institutional-Anomie Theory", *Social Forces*, Vol. 75, No. 4 (1997), pp. 1393~1416.

33. Bradley R. Entner Wright, Avshalom Caspi, Terrie E. Moffitt, Phil A. Silva, "LowSelf-control, Social Bonds, and Crime: Social Causation, Social Selection, or Both", *Criminology*, Vol. 37, No. 3 (1999), pp. 479~509.

34. Ichiro Kawachia, Bruce P Kennedyb, Richard G Wilkinsonc, "Crime: Social Disorganization and Relative Deprivation", *Social Science & Medicine*, Vol. 48, No. 6 (1999), pp. 719~731.

35. Ramiro Martinez, Jr., Matthew T. Lee, "On Immigration and Crime", In G. LaFreeed., *Criminal Justice* 2000, Vol. 1: *The Nature of Crime, Continuity and Change*, National Institute of Justice, Washington, D. C., 2000, pp. 485~524.

36. John E. Eck, Edward R Maguire, "Have Changes in Policing Reduced Violent Crime? An Assessment of the Evidence", In A. Blumstein, J. Wallmaned., *The Crime Drop in America*, New York: Cambridge University Press, 2000, pp. 207~265.

37. Susanne Karstedt, "Comparing Cultures, Comparing Crime: Challenges, Prospects and Problems for a Global Criminology", *Crime, Law & Social Change*, Vol. 36, No. 3 (2001), pp. 285~308.

38. Liqun Cao, Francis T. Cullen, "Thinking about crime and control: A comparative study of Chinese and American ideology", *International Criminal Justice Review*, Vol. 11, No. 1 (2001), pp. 58~81.

39. Jón Gunnar Bernburg, "Anomie, Social Change and Crime: A Theoretical Examination of Institutional – Anomie Theory", *British Journal of Criminology*, Vol. 42, No. 4 (2002), pp. 729~742.

40. Pablo Fajnzylber, Daniel Lederman and Norman Loayza, "Inequality and Violent Crime", *The Journal of Law & Economics*, Vol. 45, No. 1 (April 2002), pp. 1~39.

41. Tomislav Kovandzic, John J. Sloan, "Police Levels and Crime Rates Revisited: A County-level Analysis from Florida (1980-1998) ", *Journal of Criminal Justice*, Vol. 30, No. 1 (2002), pp. 65~76.

42. Michael O. Maumel, Matthew R. Lee, "Social Institutions and Violence: A Sub-National Test of Institutional Anomie Theory", *Criminology*, Vol. 41, No. 4 (2003), pp. 1137~1172.

43. Rafael Di Tella, Ernesto Schargrodsky, "Do Police Reduce Crime? Estimates Using the Allocation of Police Forces after a Terrorist Attack", *The American Economic Review*, Vol. 94, No. 1 (2004), pp. 115~133.

44. Ivan Y. Sun, Ruth Triplett, Randy R. Gainey, " Neighborhood Characteristics and Crime: A Test of Sampson andGroves' Model of Social Disorganization", *Western Criminology Review*, Vol. 5, No. 1 (2004), pp. 1~16.

45. Jonathan Klick, Alexander Tabarrok, "Using Terror Alert Levels to Estimate the Effect of Police on Crime", *Journal of Law and Economics*, Vol. 48, No. 1 (2005), pp. 267~279.

46. Jesse Brush, "Does Income Inequality Lead to More Crime? A Comparison of Cross-sectional and Time-series Analyses of United States Counties", *Economics Letters*, Vol. 96, No. 2 (2007), pp. 264~268.

47. Jana Arsovska, Philippe Verduyn, "Globalization, Conduct Norms and ' Culture Conflict' : Perceptions of Violence and Crime in an Ethnic Albanian Context", *British Journal of Criminology*, Vol. 48, No. 2 (2007), pp. 226~246.

48. Jesse Brush, "Does income inequality lead to more crime? A comparison of cross-sectional and time-series analyses ofUnited States counties", *Economics Letters*, Vol. 96, No. 2 (2007), pp. 264~268.

49. Daniel S. Murphy and Mathew B. Robinson, "The Maximizer: Clarifying Merton's theories of anomie and strain", *Theoretical Criminology*, Vol. 12, No. 4 (2008), pp. 501~521.

50. Jana Arsovska, Philippe Verduyn, "Globalization, Conduct Norms and ' Culture Conflict' : Perceptions of Violence and Crime in an Ethnic Albanian Context", *British Journal of Criminology*, Vol. 48, No. 2 (2008), pp. 226~246.

51. Ming-Jen Lin, "More Police, Less Crime: Evidence from US State Data", *International Review of Law and Economics*, Vol. 29, No. 2 (2009), pp. 73~80.

52. Ming-Jen Lin, "More Police, Less Crime: Evidence from US State Data", *International Review of Law and Economics*, Vol. 29, No. 2 (2009), pp. 73~80.

53. Jonathan Jackson, Ben Bradford, "Crime Policing and Social Order: on the Expressive Nature of Public Confidence in Policing", *British Journal of Sociology*, Vol. 60, No. 3 (2009), pp. 493~521.

54. A. H. Baharom, Muzafar Shah Habibullah, "Crime and Income Inequality: The Case ofMalaysia", *Journal of Politics and Law*, Vol. 2, No. 1 (March 2009), pp. 55~70.

55. Clifford R. Shaw, Henry D. McKay, *Juvenile Delinquency and Urban Areas*, Chicago: University of Chicago Press, 1942.

56. Robert K. Merton, *Social Theory and Social Structure*, Glencoe: The Free Press, 1957.

57. Runciman, W. G., *Relative Deprivation and Social Justice: A Study of Attitudes to Social Inequality in Twentieth-century England*, Berkeley: University of California Press, 1966.

58. Marvin E. Wolfgang, Franco Ferracuti, *The Subculture of Violence: Towards an Integrated Theory in Criminology*, New York: Tavistok, 1967.

59. Peter Park, *Sociology Tomorrow: An Evaluation of Sociological Theories in Terms of Science*, New York: Pegusus, 1969.

60. Clifford R. Shaw, Henry D. McKay, *Juvenile Delinquency and Urban Areas*, Chicago: University of Chicago Press, 1969.

61. Robert J. Bursik, Jr., Harold G. Grasmick, *Neighborhoods and Crime: The Dimensions of Effective Community Control*, New York: Lexington Books, 1993.

62. Steven F. Messner, Richard Rosenfeld, *Crime and the American Dream*, New York: Wadsworth Publishing Company, 1994.

63. Wesley G. Skogan, Susan M. Hartnett, *Community Policing, Chicago Style*, New York: Oxford University Press, 1997.

64. TravisHirschi, *Causes of Delinquency*, New Jersey: Transaction Publishers, 2001.

65. Thomas D. Stucky, *Urban Politics, Crime Rates, and Police Strength*, New York: LFB Scholarly Publishing LLC, 2005.

66. Joshua D. Freilich, Rob T. Guerette, *Migration, Culture Conflict, Crime and Terrorism*, Burlington: Ashgate Publishing Company, 2006.

67. Peter K. Manning, *The Technology of Policing: Crime Mapping, Information Technology, and the Rationality of Crime Control*, New York: New York University Press, 2008.

68. William F. Mcdonald, *Immigration, Crime and Justice*, Bingley: Emerald Group Publishing Limited, 2009.

69. John R. Weeks, *Population: An Introduction to concepts and Issues*, California: Wadsworth Cengage Learning, 2011.

70. Vania Ceccato, *The Urban Fabric of Crime and Fear*, Springer, 2012.

71. Charis E. Kubrin, Marjorie S. Zatz, Ramiro Martínez, *Punishing Immigrants: Policy, Politics, and Injustice*, New York: New York University Press, 2012.

致　谢

感谢我的家人对我工作的无私支持。

感谢北京市社会科学基金项目（编号 13FXC049）资助。

感谢北京市社会科学基金项目评审专家提出的宝贵意见。

感谢首都经济贸易大学各位领导、老师和学生的支持和帮助。

感谢为本项目的调查研究、数据分析等提供过帮助的单位和人员。

感谢本项目所引用和参考的文献、资料以及数据的所有者和制作者。

感谢中国政法大学出版社各位编辑老师为本书的出版所付出的辛勤劳动。

由于笔者学识所限，文中难免有疏漏、不妥之处，敬请广大同仁不吝赐教。

王剑波

二〇一六年十一月